IL ÉTAIT UNE FOIS... PERRAULT

ET AUTRES CONTES DE JADIS

ÉTUDE DES ŒUVRES PAR
PAUL-G. CROTEAU

COLLECTION
PARCOURS D'UNE ŒUVRE
SOUS LA DIRECTION DE MICHEL LAURIN

Beauchemin
CHENELIÈRE ÉDUCATION

Il était une fois… Perrault et autres contes de jadis
Choix de textes

Édition présentée, annotée et commentée par Paul-G. Croteau,
enseignant au cégep de Trois-Rivières

Collection « Parcours d'une œuvre »

Sous la direction de Michel Laurin

© 2010 Chenelière Éducation inc.

Édition : Sophie Gagnon et Johanne O'Grady
Coordination : Valérie Côté et Johanne Lessard
Révision linguistique : Paul Lafrance
Correction d'épreuves : Christine Langevin
Conception graphique : Josée Bégin
Infographie : Transcontinental Transmédia
Impression : Imprimeries Transcontinental

Tableau de la couverture :
Sans titre.
Œuvre d'**Eva Frantová**,
illustratrice tchèque
contemporaine.

**Catalogage avant publication
de Bibliothèque et Archives nationales du Québec
et Bibliothèque et Archives Canada**

Perrault, Charles, 1628-1703

   Il était une fois – Perrault : et autres contes de jadis

   (Collection Parcours d'une œuvre)
   « Choix de textes ».

   Comprend des réf. bibliogr.

   Pour les étudiants du niveau collégial.

   ISBN 978-2-7616-5457-9

   1. Perrault, Charles, 1628-1703 – Critique et interprétation.
2. Contes – Histoire et critique.   I. Croteau, Paul-G., 1953- .
II. Titre.   III. Collection : Collection Parcours d'une œuvre.

PQ1877.A6 2009   843'.4   C2009-940919-4

Beauchemin

CHENELIÈRE ÉDUCATION

7001, boul. Saint-Laurent
Montréal (Québec) Canada H2S 3E3
Téléphone : 514 273-1066
Télécopieur : 450 461-3834 / 1 888 460-3834
info@cheneliere.ca

Membre du CERC

CERC
Canadian Educational
Resources Council

Membre de
l'Association nationale
des éditeurs de livres

ISBN 978-2-7616-5457-9

Dépôt légal : 1er trimestre 2010
Bibliothèque et Archives nationales du Québec
Bibliothèque et Archives Canada

Imprimé au Canada

1 2 3 4 5 ITG 13 12 11 10 09

Nous reconnaissons l'aide financière du gouvernement du Canada
par l'entremise du Programme d'aide au développement de
l'industrie de l'édition (PADIÉ) pour nos activités d'édition.

Gouvernement du Québec – Programme de crédit d'impôt pour
l'édition de livres – Gestion SODEC.

ASSOCIATION
NATIONALE
DES ÉDITEURS
DE LIVRES

Pour deux princesses, grandes maintenant, en souvenir du temps où elles jouaient à Javotte et Anasthasie.
Et pour Peanut, le chien attentif et un peu prince charmeur, qui nous a quittés le 28 mars 2009.

REMERCIEMENTS

Mes remerciements à toutes les personnes qui ont donné de leur temps pour que ce projet voie le jour, et un merci particulier à Danielle Fiset, Cathie Garand et Jeanne Morin.

TABLE DES MATIÈRES

PLONGÉE DANS L'ŒUVRE   179

ANNEXES   211

CHARLES PERRAULT
FRANÇOIS-SÉRAPHIN DELPECH (1778-1825).

INTRODUCTION

« MOI, LIRE DES CONTES ? »

Quand on lit un conte à un enfant, on en découvre le véritable pouvoir magique. Les petits yeux brillent à l'évocation du château, s'alarment au nom de l'ogre, clignent de sommeil à l'approche de l'heureux dénouement… En refermant la porte de la chambre rose ou bleue, on reste sous le charme des formules incantatoires : « Il était une fois… », « Tire la chevillette, la bobinette cherra », « C'est pour mieux te manger ! ».

Mais lire des contes au cégep ! Feuilleter Perrault, Grimm, Andersen au milieu de la cafétéria ou dans un coin de la place d'accueil ? Ce sont des textes pour enfants, voyons… Réfléchissez : pourquoi les enfants grimacent-ils de dégoût ou rient-ils sous cape au premier baiser ? Vous découvrirez que l'inceste motive *Peau d'Âne*. Que l'amour donne de la beauté aux laids et de l'esprit aux sots, dans la vie comme dans *Riquet à la houppe*. Richesse et beauté fascinent les tout-petits. Mais la misère, la faim, la mort sont des sujets de tragédies ! Passant par les enfants, c'est aussi aux raconteurs que le conte s'adresse : aux filles qui succombent aux belles paroles des loups, aux garçons amoureux des apparences, aux parents dont l'amour dévore ou oppresse.

Pourquoi lire des contes de fées plutôt que de « vraies » œuvres comme les grands classiques ? Que sont les *Contes de ma mère l'Oye* en comparaison des *Fables* de La Fontaine ? Eh bien, d'abord, parce que Perrault *est* un vrai auteur : il a écrit des poésies, des fables, publié des ouvrages sérieux et siégé à l'Académie française. Polémiste redoutable, il a pris la tête des Modernes dans la querelle qui les opposa aux Anciens.

En somme, parce que les contes sont la première fenêtre ouverte à l'enfant sur la littérature, l'art, l'ailleurs et l'imaginaire. Enfin, quoi ? s'ils sont sans cesse réédités depuis 200 ans, il doit bien y avoir là quelque chose ! Au fond, on les relit pour y trouver autre chose que ce que l'on avait vu la première fois. Alors, à vos loupes, et redécouvrez les chats, les loups et les fées dont vous aviez perdu la piste voilà très, très longtemps…

ILLUSTRATION D'EVA FRANTOVÁ.

CHARLES
PERRAULT

Les Souhaits ridicules

À Mademoiselle de La C***

> Si vous étiez moins raisonnable,
> Je me garderais bien de venir vous conter
> La folle et peu galante[1] fable
> Que je m'en vais vous débiter.
> 5 Une aune[2] de boudin en fournit la matière.
> « Une aune de boudin, ma chère !
> Quelle pitié ! c'est une horreur ! »
> S'écriait une précieuse[3],
> Qui, toujours tendre et sérieuse,
> 10 Ne veut ouïr[4] parler que d'affaires de cœur.
> Mais vous qui mieux qu'âme qui vive
> Savez charmer en racontant,
> Et dont l'expression est toujours si naïve[5],
> Que l'on croit voir ce qu'on entend ;
> 15 Qui savez que c'est la manière
> Dont quelque chose est inventé[6],
> Qui beaucoup plus que la matière

N.B. : Les quatre extraits des œuvres qui font l'objet d'une analyse approfondie sont indiqués par une trame superposée au texte. Les mots suivis d'un astérisque sont définis dans le glossaire, à la page 222.

1. Galante : distinguée, qui connaît les manières de la cour. Le conte est « peu galant », car il met en scène des bûcherons.
2. Aune : ancienne mesure de longueur. Une aune vaut environ 1,18 m.
3. Précieuse : dame distinguée qui s'exprime dans une langue élégante et fréquente les salons littéraires, où l'on parle surtout d'amours galantes. Molière a ridiculisé les précieuses dans certaines de ses pièces. Perrault lui-même en fait une description peu flatteuse dans les premiers vers de *Peau d'Âne*. (Voir la section sur les salons, p. 132-134.)
4. Ouïr : entendre.
5. Naïve : qui représente la réalité avec candeur (le mot a la même signification dans l'expression « art naïf »).
6. Inventé : Perrault souligne ici la supériorité de la réalité sur la fiction.

De tout récit fait la beauté,
Vous aimerez ma fable et sa moralité ;
20 J'en ai, j'ose le dire, une assurance entière.

Il était une fois un pauvre bûcheron
Qui, las de sa pénible vie,
Avait, disait-il, grande envie
De s'aller reposer aux bords de l'Achéron[1] :
25 Représentant[2], dans sa douleur profonde,
Que depuis qu'il était au monde,
Le Ciel cruel n'avait jamais
Voulu remplir un seul de ses souhaits.

Un jour que, dans le bois, il se mit à se plaindre,
30 À lui, la foudre en main, Jupiter s'apparut[3].
On aurait peine à bien dépeindre
La peur que le bonhomme en eut.
« Je ne veux rien, dit-il, en se jetant par terre,
Point de souhaits, point de tonnerre[4],
35 Seigneur, demeurons but à but[5].
— Cesse d'avoir aucune crainte ;
Je viens, dit Jupiter, touché de ta complainte,
Te faire voir le tort que tu me fais.
Écoute donc. Je te promets,
40 Moi qui du monde entier suis le souverain[6] maître,
D'exaucer pleinement les trois premiers souhaits
Que tu voudras former sur quoi que ce puisse être.
Vois ce qui peut te rendre heureux,
Vois ce qui peut te satisfaire ;

1. Achéron : fleuve des Enfers, dans la mythologie antique. Image qui signifie que le personnage appelle la mort.
2. Représentant : Expliquant, exposant.
3. S'apparut : se montra, se révéla.
4. Foudre et tonnerre sont les armes de ce dieu.
5. But à but : sans gagnant ni perdant. Terme de sport, quand chaque concurrent marque un nombre égal de buts ou de points.
6. Souverain : royal ; Jupiter était le roi et le maître des dieux dans la mythologie.

45 Et comme ton bonheur dépend tout de tes vœux,
　　Songes-y bien avant que de les faire. »

　　À ces mots Jupiter dans les cieux remonta,
　　Et le gai bûcheron, embrassant sa falourde[1],
　　Pour retourner chez lui sur son dos la jeta.
50 Cette charge jamais ne lui parut moins lourde.
　　　« Il ne faut pas, disait-il en trottant,
　　　Dans tout ceci, rien faire à la légère ;
　　　　Il faut, le cas est important,
　　　En prendre avis de notre ménagère.
55 Çà, dit-il, en entrant sous son toit de fougère,
　　　Faisons, Fanchon, grand feu, grand chère,
　　　　Nous sommes riches à jamais,
　　　Et nous n'avons qu'à faire des souhaits. »
　　Là-dessus tout au long le fait il lui raconte.
60 　À ce récit, l'épouse vive et prompte
　　Forma dans son esprit mille vastes projets ;
　　　Mais considérant l'importance
　　　De s'y conduire avec prudence :
　　« Blaise, mon cher ami, dit-elle à son époux,
65 　Ne gâtons rien par notre impatience ;
　　　Examinons bien entre nous
　　　Ce qu'il faut faire en pareille occurrence ;
　　Remettons à demain notre premier souhait
　　　Et consultons notre chevet.
70 — Je l'entends bien ainsi[2], dit le bonhomme Blaise.
　　Mais va tirer du vin derrière ces fagots[3]. »
　　À son retour il but, et goûtant à son aise
　　　Près d'un grand feu la douceur du repos,
　　Il dit, en s'appuyant sur le dos de sa chaise :
75 « Pendant que nous avons une si bonne braise,

---

1. Embrassant sa falourde : prenant dans ses bras son fardeau de bois coupé.

2. Je l'entends bien ainsi : Je vois les choses de la même façon ; je comprends bien la même chose.

3. Fagots : brassées de petit bois liées en bottes, principalement pour l'allumage du feu.

Qu'une aune* de boudin viendrait bien à propos ! »
À peine acheva-t-il de prononcer ces mots,
Que sa femme aperçut, grandement étonnée,
     Un boudin fort long, qui partant
80   D'un des coins de la cheminée,
     S'approchait d'elle en serpentant.
     Elle fit un cri dans l'instant ;
     Mais jugeant que cette aventure
     Avait pour cause le souhait
85   Que par bêtise toute pure
     Son homme imprudent avait fait,
     Il n'est point de pouille[1] et d'injure
     Que de dépit et de courroux
     Elle ne dît au pauvre époux.
90 « Quand on peut, disait-elle, obtenir un empire,
     De l'or, des perles, des rubis,
     Des diamants, de beaux habits,
Est-ce alors du boudin qu'il faut que l'on désire ?
    — Eh bien, j'ai tort, dit-il, j'ai mal placé mon choix,
95   J'ai commis une faute énorme,
     Je ferai mieux une autre fois.
    — Bon, bon, dit-elle, attendez-moi sous l'orme[2],
Pour faire un tel souhait, il faut être bien bœuf[3] ! »
L'époux plus d'une fois, emporté de colère,
100 Pensa faire tout bas le souhait d'être veuf,
Et peut-être, entre nous, ne pouvait-il mieux faire :
« Les hommes, disait-il, pour souffrir sont bien nés !
Peste soit du boudin et du boudin encore ;
     Plût à Dieu, maudite pécore[4],
105   Qu'il te pendît au bout du nez ! »

---

1. Pouille : reproche (de la même manière, l'expression « chercher des poux » signifie chercher à faire des reproches).
2. Attendez-moi sous l'orme : expression qui sert à renvoyer quelqu'un en lui fixant un rendez-vous où l'on ne se rendra pas.
3. Être […] bœuf : être bête, stupide.
4. Pécore : femme bavarde et impertinente.

La prière aussitôt du Ciel fut écoutée,
Et dès que le mari la parole lâcha,
    Au nez de l'épouse irritée
    L'aune* de boudin s'attacha.
110 Ce prodige imprévu grandement le fâcha.
Fanchon était jolie, elle avait bonne grâce,
Et pour dire sans fard la vérité du fait,
    Cet ornement en cette place
    Ne faisait pas un bon effet;
115 Si ce n'est qu'en pendant sur le bas du visage,
    Il l'empêchait de parler aisément.
    Pour un époux merveilleux avantage,
Et si grand qu'il pensa dans cet heureux moment
    Ne souhaiter rien davantage.

120   « Je pourrais bien, disait-il à part soi,
    Après un malheur si funeste,
    Avec le souhait qui me reste,
    Tout d'un plein saut[1] me faire roi.
Rien n'égale, il est vrai, la grandeur souveraine*;
125   Mais encore faut-il songer
    Comment serait faite la reine,
Et dans quelle douleur ce serait la plonger
    De l'aller placer sur un trône
    Avec un nez plus long qu'une aune.
130   Il faut l'écouter sur cela,
Et qu'elle-même elle soit la maîtresse
De devenir une grande princesse
En conservant l'horrible nez qu'elle a,
    Ou de demeurer bûcheronne
135   Avec un nez comme une autre personne,
Et tel qu'elle l'avait avant ce malheur-là. »

---

1. Tout d'un plein saut : D'un seul coup, immédiatement.

La chose bien examinée,
Quoiqu'elle sût d'un sceptre et la force et l'effet,
Et que, quand on est couronnée,
140   On a toujours le nez bien fait ;
Comme au désir de plaire il n'est rien qui ne cède,
     Elle aima mieux garder son bavolet [1]
     Que d'être reine ct d'être laide.

Ainsi le bûcheron ne changea point d'état,
145   Ne devint point grand potentat,
     D'écus [2] ne remplit point sa bourse,
Trop heureux d'employer le souhait qui restait,
     Faible bonheur, pauvre ressource,
À remettre sa femme en l'état qu'elle était.

150   Bien est donc vrai qu'aux hommes misérables,
Aveugles, imprudents, inquiets, variables,
     Pas n'appartient de faire des souhaits,
     Et que peu d'entre eux sont capables
De bien user des dons que le Ciel leur a faits.

---

1. Bavolet : coiffure de tissu ou de dentelle portée par les paysannes. « Garder son bavolet »
     signifie donc rester paysanne.
2. Écus : pièces d'or.

ILLUSTRATION D'EVA FRANTOVÁ.

PEAU D'ÂNE

À Madame la Marquise de L***

Il est des gens de qui l'esprit guindé,
 Sous un front jamais déridé,
 Ne souffre, n'approuve et n'estime
 Que le pompeux et le sublime;
5 Pour moi, j'ose poser en fait
Qu'en de certains moments l'esprit le plus parfait
Peut aimer sans rougir jusqu'aux marionnettes[1];
 Et qu'il est des temps et des lieux
 Où le grave et le sérieux
10 Ne valent pas d'agréables sornettes.
 Pourquoi faut-il s'émerveiller
 Que la raison la mieux sensée,
 Lasse souvent de trop veiller,
 Par des contes d'ogre et de fée
15 Ingénieusement bercée,
 Prenne plaisir à sommeiller?

 Sans craindre donc qu'on me condamne
 De mal employer mon loisir,
Je vais, pour contenter votre juste désir,
20 Vous conter tout au long l'histoire de Peau d'Âne.

 Il était une fois un roi,
 Le plus grand qui fût sur la terre,
 Aimable en paix, terrible en guerre,
 Seul enfin comparable à soi:
25 Ses voisins le craignaient, ses États étaient calmes,

---

1. Peut aimer même les choses les plus insignifiantes, les plus puériles.

   Et l'on voyait de toutes parts
   Fleurir, à l'ombre de ses palmes [1],
   Et les vertus et les beaux arts.
  Son aimable moitié, sa compagne fidèle,
30   Était si charmante et si belle,
  Avait l'esprit si commode et si doux
    Qu'il était encor avec elle
    Moins heureux roi qu'heureux époux.
    De leur tendre et chaste hyménée [2]
35   Plein de douceur et d'agrément,
  Avec tant de vertus une fille était née
    Qu'ils se consolaient aisément
   De n'avoir pas de plus ample lignée [3].

   Dans son vaste et riche palais
40   Ce n'était que magnificence ;
  Partout y fourmillait une vive abondance
    De courtisans et de valets ;
    Il avait dans son écurie
  Grands et petits chevaux de toutes les façons ;
45   Couverts de beaux caparaçons,
    Roides d'or et de broderie ;
  Mais ce qui surprenait tout le monde en entrant,
    C'est qu'au lieu le plus apparent,
 Un maître [4] âne étalait ses deux grandes oreilles.
50   Cette injustice vous surprend,
  Mais lorsque vous saurez ses vertus nonpareilles,
  Vous ne trouverez pas que l'honneur fût trop grand.
    Tel et si net le forma la Nature
    Qu'il ne faisait jamais d'ordure,

---

1. On remettait des palmes, symboles de victoire, aux généraux victorieux. L'expression « à l'ombre de ses palmes » signifie donc que le pays connaît la prospérité à cause de ses victoires militaires.
2. Hyménée (ou hymen) : mariage.
3. Ils auraient en effet préféré avoir au moins un fils, pour assurer la succession.
4. Maître (en apposition devant un nom d'animal) : (l'animal) le plus extraordinaire qui soit.

55   Mais bien beaux écus* au soleil
        Et louis[1] de toute manière,
Qu'on allait recueillir sur la blonde litière
        Tous les matins à son réveil.

        Or le Ciel qui parfois se lasse
60   De rendre les hommes contents,
Qui toujours à ses biens mêle quelque disgrâce,
        Ainsi que la pluie au beau temps,
        Permit qu'une âpre maladie
Tout à coup de la reine attaquât les beaux jours.
65   Partout on cherche du secours ;
Mais ni la Faculté[2] qui le grec étudie,
        Ni les charlatans ayant cours,
Ne purent tous ensemble arrêter l'incendie
Que la fièvre allumait en s'augmentant toujours.

70   Arrivée à sa dernière heure
        Elle dit au roi son époux :
        « Trouvez bon qu'avant que je meure
        J'exige une chose de vous ;
        C'est que s'il vous prenait envie
75 De vous remarier quand je n'y serai plus…
        — Ah ! dit le roi, ces soins[3] sont superflus,
        Je n'y songerai de ma vie,
        Soyez en repos là-dessus.
        — Je le crois bien, reprit la reine,
80 Si j'en prends à témoin votre amour véhément ;
        Mais pour m'en rendre plus certaine,
        Je veux avoir votre serment,
Adouci toutefois par ce tempérament[4]

---

1. Louis : pièces d'or.
2. Faculté de médecine, à l'université, où l'on étudie le grec ancien et le latin ; il s'agit donc des médecins les plus savants.
3. Soins : soucis, précautions.
4. Tempérament : accommodement, quelque chose qui tempère ce qui est insupportable.

Que si vous rencontrez une femme plus belle,
85   Mieux faite et plus sage que moi,
Vous pourrez franchement lui donner votre foi
        Et vous marier avec elle. »
        Sa confiance en ses attraits
Lui faisait regarder une telle promesse
90   Comme un serment, surpris avec adresse[1],
        De ne se marier jamais.
Le prince jura donc, les yeux baignés de larmes,
        Tout ce que la reine voulut ;
        La reine entre ses bras mourut,
95 Et jamais un mari ne fit tant de vacarmes.
À l'ouïr* sangloter et les nuits et les jours,
On jugea que son deuil ne lui durerait guère,
        Et qu'il pleurait ses défuntes amours
Comme un homme pressé qui veut sortir d'affaire.

100 On ne se trompa point. Au bout de quelques mois
Il voulut procéder à faire un nouveau choix ;
        Mais ce n'était pas chose aisée,
        Il fallait garder son serment
        Et que la nouvelle épousée
105   Eût plus d'attraits et d'agrément
Que celle qu'on venait de mettre au monument[2].

        Ni la cour en beautés fertile[3],
        Ni la campagne, ni la ville,
        Ni les royaumes d'alentour
110   Dont on alla faire le tour,
        N'en purent fournir une telle ;
        L'infante[4] seule était plus belle

---

1. Surpris avec adresse : obtenu par ruse.
2. Au monument funéraire, donc au tombeau.
3. La cour est un terrain fertile où l'on trouve de nombreuses beautés.
4. Infante : fille du roi. Le mot est synonyme de princesse.

Et possédait certains tendres appas[1]
　　Que la défunte n'avait pas.
115　　Le roi le remarqua lui-même
　　Et brûlant d'un amour extrême,
　　Alla follement s'aviser
Que par cette raison il devait l'épouser.
　　Il trouva même un casuiste[2]
120 Qui jugea que le cas se pouvait proposer[3].
　　Mais la jeune princesse triste
　　D'ouïr parler d'un tel amour,
Se lamentait et pleurait nuit et jour.

　　De mille chagrins l'âme pleine,
125　　Elle alla trouver sa marraine,
　　Loin, dans une grotte à l'écart
De nacre et de corail richement étoffée[4].
　　C'était une admirable fée
Qui n'eut jamais de pareille en son art.
130　　Il n'est pas besoin qu'on vous die[5]
Ce qu'était une fée en ces bienheureux temps;
　　Car je suis sûr que votre mie[6]
Vous l'aura dit dès vos plus jeunes ans.

　　« Je sais, dit-elle, en voyant la princesse,
135　　Ce qui vous fait venir ici,
Je sais de votre cœur la profonde tristesse;
　　Mais avec moi n'ayez plus de souci.
　　Il n'est rien qui vous puisse nuire
Pourvu qu'à mes conseils vous vous laissiez conduire.

---

1. Appas: synonyme d'appâts, ce mot, toujours au pluriel, désignait les charmes et attraits féminins.
2. Casuiste: raisonneur, philosophe de pacotille.
3. Le cas pouvait être présenté aux autorités concernées pour obtenir un jugement, une décision.
4. Étoffée: décorée.
5. Die: verbe « dire » au subjonctif présent, autre forme de « dise », acceptée au XVIIe siècle.
6. Mie: amie; le mot pourrait désigner ici une gardienne d'enfants.

140 Votre père, il est vrai, voudrait vous épouser ;
       Écouter sa folle demande
       Serait une faute bien grande,
Mais sans le contredire on le peut refuser[1].

       Dites-lui qu'il faut qu'il vous donne
145   Pour rendre vos désirs contents,
Avant qu'à son amour votre cœur s'abandonne,
Une robe qui soit de la couleur du temps.
Malgré tout son pouvoir et toute sa richesse,
Quoique le Ciel en tout favorise ses vœux,
150 Il ne pourra jamais accomplir sa promesse. »

       Aussitôt la jeune princesse
L'alla dire en tremblant à son père amoureux
       Qui dans le moment fit entendre*
       Aux tailleurs les plus importants
155 Que s'ils ne lui faisaient, sans trop le faire attendre,
Une robe qui fût de la couleur du temps,
Ils pouvaient s'assurer qu'il les ferait tous pendre.

       Le second jour ne luisait pas encor
       Qu'on apporta la robe désirée ;
160   Le plus beau bleu de l'empyrée[2]
N'est pas, lorsqu'il est ceint de gros nuages d'or,
       D'une couleur plus azurée.
De joie et de douleur l'infante* pénétrée
       Ne sait que dire ni comment
165   Se dérober à son engagement.
       « Princesse, demandez-en une,
       Lui dit sa marraine tout bas,
       Qui plus brillante et moins commune,

---

1. Détenteur du pouvoir absolu, le roi ne peut être contredit ; pourtant la princesse doit refuser ce mariage contre nature.
2. Empyrée : ciel, azur.

Soit de la couleur de la lune.
170   Il ne vous la donnera pas.»
À peine la princesse en eut fait la demande
Que le roi dit à son brodeur:
«Que l'astre de la nuit n'ait pas plus de splendeur
Et que dans quatre jours sans faute on me la rende[1].»

175 Le riche habillement fut fait au jour marqué,
Tel que le roi s'en était expliqué.
Dans les cieux où la nuit a déployé ses voiles,
La lune est moins pompeuse en sa robe d'argent
Lors même qu'au milieu de son cours diligent
180 Sa plus vive clarté fait pâlir les étoiles.

La princesse admirant ce merveilleux habit,
Était à consentir presque délibérée[2];
Mais par sa marraine inspirée,
Au prince amoureux elle dit:
185   «Je ne saurais être contente
Que je n'aie une robe encore plus brillante
Et de la couleur du soleil.»
Le prince qui l'aimait d'un amour sans pareil,
Fit venir aussitôt un riche lapidaire[3]
190   Et lui commanda de la faire
D'un superbe tissu d'or et de diamants,
Disant que s'il manquait à le bien satisfaire,
Il le ferait mourir au milieu des tourments.

Le prince fut exempt de s'en donner la peine,
195   Car l'ouvrier industrieux[4],
Avant la fin de la semaine,
Fit apporter l'ouvrage précieux,

---

1. Rende: porte, livre.
2. Délibérée: décidée, convaincue.
3. Lapidaire: artisan ou commerçant spécialiste des pierres précieuses.
4. Industrieux: habile, ingénieux.

Si beau, si vif, si radieux,
Que le blond amant de Clymène[1],
200   Lorsque sur la voûte des cieux
Dans son char d'or il se promène,
D'un plus brillant éclat n'éblouit pas les yeux.

L'infante* que ces dons achèvent de confondre,
À son père, à son roi ne sait plus que répondre.
205 Sa marraine aussitôt la prenant par la main :
« Il ne faut pas, lui dit-elle à l'oreille,
Demeurer en si beau chemin ;
Est-ce une si grande merveille
Que tous ces dons que vous en recevez,
210   Tant qu'il aura l'âne que vous savez,
Qui d'écus* d'or sans cesse emplit sa bourse ?
Demandez-lui la peau de ce rare animal.
Comme il est toute sa ressource,
Vous ne l'obtiendrez pas, ou je raisonne mal. »

215   Cette fée était bien savante,
Et cependant elle ignorait encor
Que l'amour violent pourvu qu'on le contente,
Compte pour rien l'argent et l'or ;
La peau fut galamment aussitôt accordée
220 Que l'infante l'eut demandée.

Cette peau quand on l'apporta
Terriblement l'épouvanta
Et la fit de son sort amèrement se plaindre.
Sa marraine survint et lui représenta*
225 Que quand on fait le bien on ne doit jamais craindre ;
Qu'il faut laisser penser au roi
Qu'elle est tout à fait disposée

---

1. Hélios (le Soleil), l'amant de Clyméné (nom parfois orthographié « Clymène »), conduisait
   un char de feu à travers le ciel (mythologie).

À subir avec lui la conjugale loi,
Mais qu'au même moment, seule et bien déguisée,
230 Il faut qu'elle s'en aille en quelque État lointain
Pour éviter un mal si proche et si certain.

« Voici, poursuivit-elle, une grande cassette[1]
Où nous mettrons tous vos habits,
Votre miroir, votre toilette[2],
235 Vos diamants et vos rubis.
Je vous donne encor ma baguette ;
En la tenant en votre main,
La cassette suivra votre même chemin
Toujours sous la terre cachée ;
240 Et lorsque vous voudrez l'ouvrir,
À peine mon bâton la terre aura touchée
Qu'aussitôt à vos yeux elle viendra s'offrir.

Pour vous rendre méconnaissable,
La dépouille de l'âne est un masque admirable.
245 Cachez-vous bien dans cette peau,
On ne croira jamais, tant elle est effroyable,
Qu'elle renferme rien de beau. »

La princesse ainsi travestie
De chez la sage fée à peine fut sortie,
250 Pendant la fraîcheur du matin,
Que le prince qui pour la fête
De son heureux hymen* s'apprête,
Apprend tout effrayé son funeste destin.
Il n'est point de maison, de chemin, d'avenue,
255 Qu'on ne parcoure promptement ;
Mais on s'agite vainement,
On ne peut deviner ce qu'elle est devenue.

---

1. Cassette : petit coffre.
2. Toilette : pièce de tissu sur laquelle étaler le nécessaire de toilette, tout ce qui sert à se peigner,
à se maquiller, etc.

Partout se répandit un triste et noir chagrin ;
    Plus de noces, plus de festin,
260   Plus de tarte, plus de dragées ;
Les dames de la cour, toutes découragées,
    N'en dînèrent point la plupart ;
Mais du curé surtout la tristesse fut grande,
    Car il en déjeuna fort tard,
265   Et qui pis est n'eut point d'offrande[1].

L'infante* cependant[2] poursuivait son chemin,
Le visage couvert d'une vilaine crasse ;
    À tous passants elle tendait la main,
Et tâchait pour servir de trouver une place[3].
270 Mais les moins délicats et les plus malheureux
La voyant si maussade et si pleine d'ordure,
Ne voulaient écouter ni retirer[4] chez eux
    Une si sale créature.

Elle alla donc bien loin, bien loin ; encor plus loin ;
275 Enfin elle arriva dans une métairie[5]
    Où la fermière avait besoin
    D'une souillon[6], dont l'industrie*
Allât jusqu'à savoir bien laver des torchons
    Et nettoyer l'auge aux cochons.

280 On la mit dans un coin au fond de la cuisine
    Où les valets, insolente vermine,
    Ne faisaient que la tirailler,
    La contredire et la railler ;

---

1. Offrande : rémunération.
2. Cependant : pendant ce temps.
3. Tâchait de trouver une place de servante.
4. Retirer : donner un refuge, une retraite.
5. Métairie : ferme louée à un exploitant (le métayer) qui en partage les produits avec le propriétaire.
6. Souillon : servante qui accomplit les travaux les plus malpropres et dégoûtants.

Ils ne savaient quelle pièce[1] lui faire,
285   La harcelant à tout propos;
        Elle était la butte[2] ordinaire
De tous leurs quolibets et de tous leurs bons mots.

Elle avait le dimanche un peu plus de repos;
Car, ayant du matin fait sa petite affaire,
290 Elle entrait dans sa chambre et tenant son huis clos[3],
Elle se décrassait, puis ouvrait sa cassette*,
        Mettait proprement sa toilette*,
        Rangeait dessus ses petits pots.
Devant son grand miroir, contente et satisfaite,
295 De la lune tantôt la robe elle mettait,
Tantôt celle où le feu du soleil éclatait,
        Tantôt la belle robe bleue
Que tout l'azur des cieux ne saurait égaler,
Avec ce chagrin seul que leur traînante queue
300 Sur le plancher trop court ne pouvait s'étaler.
Elle aimait à se voir jeune, vermeille et blanche
Et plus brave[4] cent fois que nulle autre n'était;
        Cc doux plaisir la sustentait[5]
Et la menait jusqu'à l'autre dimanche.

305   J'oubliais à dire en passant
        Qu'en cette grande métairie
        D'un roi magnifique et puissant
        Se faisait la ménagerie[6],
        Que là, poules de Barbarie,
310   Râles, pintades, cormorans,

---

1. Pièce : farce, tour.
2. Butte : cible; on s'exerçait parfois au fusil ou au canon en tirant sur une butte.
3. Huis clos : porte close, fermée.
4. Brave : bien vêtue, élégante, parée de beaux habits.
5. Sustentait : soutenait.
6. Ménagerie : lieu où sont élevés des animaux de curiosité; on dirait aujourd'hui « jardin zoologique ».

Oisons musqués, canes petières[1],
Et mille autres oiseaux de bizarres manières,
Entre eux presque tous différents,
Remplissaient à l'envi dix cours tout entières.

315 Le fils du roi dans ce charmant séjour
Venait souvent au retour de la chasse
Se reposer, boire à la glace[2]
Avec les seigneurs de sa cour.
Tel ne fut point le beau Céphale[3] :
320 Son air était royal, sa mine martiale,
Propre à faire trembler les plus fiers bataillons.
Peau d'Âne de fort loin le vit avec tendresse,
Et reconnut par cette hardiesse
Que sous sa crasse et ses haillons
325 Elle gardait encor le cœur d'une princesse.

« Qu'il a l'air grand, quoiqu'il l'ait négligé[4],
Qu'il est aimable, disait-elle,
Et que bienheureuse est la belle
À qui son cœur est engagé !
330 D'une robe de rien s'il m'avait honorée,
Je m'en trouverais plus parée
Que de toutes celles que j'ai. »

Un jour le jeune prince errant à l'aventure
De basse-cour[5] en basse-cour,
335 Passa dans une allée obscure
Où de Peau d'Âne était l'humble séjour.

---

1. Espèces d'outardes, dont le nom est désormais orthographié « canepetières ».
2. Glace : on gardait de la glace dans des entrepôts souterrains ou bien isolés, pour rafraîchir mets et boissons en été.
3. Céphale, jaloux, se déguisa et tenta de séduire Procris, son épouse, en lui offrant des cadeaux. Plus tard, elle usa du même subterfuge (mythologie).
4. Négligé : simple, sans ornements exagérés et artificiels. Plus loin, la princesse s'imagine aussi un air semblablement « négligé » dans une robe toute simple.
5. Basse-cour : cour située à l'arrière d'un château ou d'un hôtel, près des dépendances ou des cuisines, pas nécessairement pour garder la volaille, comme de nos jours (voir la note 3, à la page 37).

Par hasard il mit l'œil au trou de la serrure.
     Comme il était fête ce jour,
   Elle avait pris une riche parure
340   Et ses superbes vêtements
Qui, tissus [1] de fin or et de gros diamants,
Égalaient du soleil la clarté la plus pure.
     Le prince au gré de son désir
     La contemple et ne peut qu'à peine,
345   En la voyant, reprendre haleine,
     Tant il est comblé de plaisir.
Quels que soient les habits, la beauté du visage,
     Son beau tour [2], sa vive blancheur,
     Ses traits fins, sa jeune fraîcheur
350   Le touchent cent fois davantage ;
     Mais un certain air de grandeur,
Plus encore une sage et modeste pudeur,
Des beautés de son âme assuré témoignage,
     S'emparèrent de tout son cœur.

355 Trois fois, dans la chaleur du feu [3] qui le transporte,
     Il voulut enfoncer la porte ;
   Mais croyant voir une divinité,
Trois fois par le respect son bras fut arrêté.

     Dans le palais, pensif il se retire,
360   Et là, nuit et jour il soupire ;
     Il ne veut plus aller au bal
     Quoiqu'on soit dans le carnaval.
   Il hait la chasse, il hait la comédie [4],
Il n'a plus d'appétit, tout lui fait mal au cœur,
365   Et le fond de sa maladie
   Est une triste et mortelle langueur.

---

1. Tissus : tissés.
2. Tour de taille fin, mais aussi élégance du comportement.
3. Feu : image galante de l'amour ; son cœur s'enflamme, il brûle d'amour pour elle.
4. Bal, chasse et comédie (théâtre) sont des activités courantes dans les cours royales et princières.

Il s'enquit quelle était cette nymphe[1] admirable
    Qui demeurait dans une basse-cour*,
        Au fond d'une allée effroyable,
370   Où l'on ne voit goutte[2] en plein jour.
« C'est, lui dit-on, Peau d'Âne, en rien nymphe ni belle
        Et que Peau d'Âne l'on appelle,
À cause de la peau qu'elle met sur son cou ;
        De l'amour c'est le vrai remède,
375   La bête en un mot la plus laide,
        Qu'on puisse voir après le loup. »
On a beau dire, il ne saurait le croire ;
        Les traits que l'amour a tracés
        Toujours présents à sa mémoire
380   N'en seront jamais effacés.

        Cependant* la reine sa mère
Qui n'a que lui d'enfant pleure et se désespère ;
De déclarer son mal elle le presse en vain,
        Il gémit, il pleure, il soupire,
385   Il ne dit rien, si ce n'est qu'il désire
Que Peau d'Âne lui fasse un gâteau de sa main ;
Et la mère ne sait ce que son fils veut dire.
        « Ô Ciel ! Madame, lui dit-on,
    Cette Peau d'Âne est une noire taupe
390   Plus vilaine encore et plus gaupe[3]
        Que le plus sale marmiton[4].
— N'importe, dit la reine, il le faut satisfaire
Et c'est à cela seul que nous devons songer. »
Il aurait eu de l'or, tant l'aimait cette mère,
395   S'il en avait voulu manger.

---

1. Nymphe : jeune fille au corps gracieux.
2. Goutte : rien.
3. Gaupe : malpropre.
4. Marmiton : garçon de cuisine affecté aux basses besognes (brasser les marmites, les nettoyer, etc.).

Peau d'Âne donc prend sa farine
Qu'elle avait fait bluter [1] exprès
Pour rendre sa pâte plus fine,
Son sel, son beurre et ses œufs frais ;
400   Et pour bien faire sa galette,
S'enferme seule en sa chambrette.

D'abord elle se décrassa
Les mains, les bras et le visage,
Et prit un corps [2] d'argent que vite elle laça
405   Pour dignement faire l'ouvrage
Qu'aussitôt elle commença.

On dit qu'en travaillant un peu trop à la hâte,
De son doigt par hasard il tomba dans la pâte
Un de ses anneaux de grand prix ;
410 Mais ceux qu'on tient savoir le fin de cette histoire [3]
Assurent que par elle exprès il y fut mis ;
Et pour moi franchement je l'oserais bien croire,
Fort sûr que, quand le prince à sa porte aborda
Et par le trou la regarda,
415   Elle s'en était aperçue :
Sur ce point la femme est si drue [4]
Et son œil va si promptement
Qu'on ne peut la voir un moment
Qu'elle ne sache qu'on l'a vue.
420 Je suis bien sûr encor, et j'en ferais serment,
Qu'elle ne douta point que de son jeune amant
La bague ne fût bien reçue.

---

1. Bluter : tamiser.
2. Corps : pièce de vêtement (ici, une sorte de tablier) couvrant le devant du corps.
3. Ceux qui, paraît-il, connaissent les détails secrets de cette histoire.
4. Drue : vive d'esprit, perspicace.

On ne pétrit jamais un si friand morceau [1],
Et le prince trouva la galette si bonne
425 Qu'il ne s'en fallut rien que d'une faim gloutonne
      Il n'avalât aussi l'anneau.
    Quand il en vit l'émeraude admirable,
      Et du jonc d'or le cercle étroit,
      Qui marquait la forme du doigt,
430 Son cœur en fut touché d'une joie incroyable ;
    Sous son chevet il le mit à l'instant,
      Et son mal toujours augmentant,
    Les médecins sages d'expérience,
    En le voyant maigrir de jour en jour,
435 Jugèrent tous, par leur grande science,
      Qu'il était malade d'amour.

    Comme l'hymen*, quelque mal qu'on en die*,
Est un remède exquis pour cette maladie,
      On conclut à le marier ;
440   Il s'en fit quelque temps prier,
Puis dit : « Je le veux bien, pourvu que l'on me donne
      En mariage la personne
      Pour qui cet anneau sera bon. »
     À cette bizarre demande,
445 De la reine et du roi la surprise fut grande ;
Mais il était si mal qu'on n'osa dire non.

     Voilà donc qu'on se met en quête
De celle que l'anneau, sans nul égard du sang [2],
      Doit placer dans un si haut rang ;
450   Il n'en est point qui ne s'apprête
      À venir présenter son doigt
      Ni qui veuille céder son droit [3].

---

1. Friand morceau : plat appétissant, mets délicat.
2. Sans égard à la classe sociale, comme dans les expressions « sang noble » et « sang royal ».
3. Aucune jeune fille ne veut passer son tour.

Le bruit ayant couru que pour prétendre au prince,
    Il faut avoir le doigt bien mince,
455.   Tout charlatan, pour être bienvenu,
Dit qu'il a le secret de le rendre menu;
    L'une, en suivant son bizarre caprice,
      Comme une rave le ratisse[1];
     L'autre en coupe un petit morceau;
460 Une autre en le pressant croit qu'elle l'apetisse;
    Et l'autre, avec de certaine eau,
Pour le rendre moins gros en fait tomber la peau;
    Il n'est enfin point de manœuvre
    Qu'une dame ne mette en œuvre,
465 Pour faire que son doigt cadre bien à l'anneau.

L'essai fut commencé par les jeunes princesses,
    Les marquises et les duchesses;
    Mais leurs doigts quoique délicats,
    Étaient trop gros et n'entraient pas.
470   Les comtesses, et les baronnes,
    Et toutes les nobles personnes,
Comme elles tour à tour présentèrent leur main
    Et la présentèrent en vain.

    Ensuite vinrent les grisettes[2]
475   Dont les jolis et menus doigts,
    Car il en est de très bien faites,
Semblèrent à l'anneau s'ajuster quelquefois.
Mais la bague toujours trop petite ou trop ronde
D'un dédain presque égal rebutait tout le monde.

480   Il fallut en venir enfin
    Aux servantes, aux cuisinières,

---

1. Comme on fait quand on racle une carotte.
2. Grisettes: jeunes filles de modeste condition, peut-être parce qu'elles portaient des robes grises, moins colorées que celles de la cour ou parce qu'elles étaient dans une «zone grise», leur noblesse étant incertaine.

Aux tortillons, aux dindonnières[1],
En un mot à tout le fretin[2],
Dont les rouges et noires pattes,
485   Non moins que les mains délicates,
Espéraient un heureux destin.
Il s'y présenta mainte fille
Dont le doigt, gros et ramassé,
Dans la bague du prince eût aussi peu passé
490   Qu'un câble au travers d'une aiguille.

On crut enfin que c'était fait,
Car il ne restait en effet,
Que la pauvre Peau d'Âne au fond de la cuisine.
Mais comment croire, disait-on,
495   Qu'à régner le Ciel la destine !
Le prince dit : « Et pourquoi non ?
Qu'on la fasse venir. » Chacun se prit à rire,
Criant tout haut : « Que veut-on dire,
De faire entrer ici cette sale guenon ? »
500 Mais lorsqu'elle tira de dessous sa peau noire
Une petite main qui semblait de l'ivoire
Qu'un peu de pourpre a coloré,
Et que de la bague fatale[3],
D'une justesse sans égale
505   Son petit doigt fut entouré,
La cour fut dans une surprise
Qui ne peut pas être comprise.

On la menait au roi dans ce transport[4] subit ;
Mais elle demanda qu'avant que de paraître
510   Devant son seigneur et son maître,

---

1. Tortillons : femmes qui protégeaient leur tête ou leurs épaules avec un linge tortillé.
   Dindonnières : gardiennes de dindes et autres volailles.
2. Fretin : le peuple, en opposition à la noblesse.
3. Fatale : fatidique, qui change le destin.
4. Transport : emportement, élan de passion.

On lui donnât le temps de prendre un autre habit.
>   De cet habit, pour la vérité dire,
>   De tous côtés on s'apprêtait à rire;
Mais lorsqu'elle arriva dans les appartements[1],
515   Et qu'elle eut traversé les salles
>   Avec ses pompeux vêtements
Dont les riches beautés n'eurent jamais d'égales;
>   Que ses aimables cheveux blonds
Mêlés de diamants dont la vive lumière
520   En faisait autant de rayons,
>   Que ses yeux bleus, grands, doux et longs,
>   Qui pleins d'une majesté fière
Ne regardent jamais sans plaire et sans blesser,
Et que sa taille enfin si menue et si fine
525 Qu'avecque[2] ses deux mains on eût pu l'embrasser[3],
Montrèrent leurs appas* et leur grâce divine,
Des dames de la cour, et de leurs ornements
>   Tombèrent tous les agréments[4].

Dans la joie et le bruit de toute l'assemblée,
530   Le bon roi ne se sentait pas[5]
>   De voir sa bru posséder tant d'appas;
>   La reine en était affolée[6],
>   Et le prince son cher amant,
>   De cent plaisirs l'âme comblée,
535 Succombait sous le poids de son ravissement.

Pour l'hymen* aussitôt chacun prit ses mesures;
Le monarque en pria[7] tous les rois d'alentour,

---

1. On parle ici des appartements du roi et de sa famille.
2. Avecque : avec (orthographe désuète).
3. L'embrasser : l'enserrer, en faire le tour avec ses bras.
4. Agréments : plaisirs, moqueries.
5. Ne se sentait pas : était transporté de joie, ne portait plus à terre tellement il était joyeux.
6. Affolée : folle (de joie, d'affection).
7. En pria : y invita.

Qui, tous brillants de diverses parures,
Quittèrent leurs États pour être à ce grand jour.
540 On en vit arriver des climats de l'aurore[1],
  Montés sur de grands éléphants ;
  Il en vint du rivage more[2],
  Qui, plus noirs et plus laids encore,
  Faisaient peur aux petits enfants ;
545 Enfin de tous les coins du monde,
Il en débarque et la cour en abonde.

  Mais nul prince, nul potentat,
  N'y parut avec tant d'éclat
  Que le père de l'épousée,
550 Qui d'elle autrefois amoureux
Avait avec le temps purifié les feux*
  Dont son âme était embrasée.
Il en avait banni tout désir criminel
  Et de cette odieuse flamme[3]
555 Le peu qui restait dans son âme
N'en rendait que plus vif son amour paternel.
  Dès qu'il la vit : « Que béni soit le Ciel
  Qui veut bien que je te revoie,
Ma chère enfant », dit-il, et tout pleurant de joie,
560 Courut tendrement l'embrasser ;
Chacun à son bonheur voulut s'intéresser,
Et le futur époux était ravi d'apprendre
Que d'un roi si puissant il devenait le gendre.

  Dans ce moment la marraine arriva
565 Qui raconta toute l'histoire,
  Et par son récit acheva
  De combler Peau d'Âne de gloire.

---

1. Des climats de l'aurore : des pays situés à l'est, où se lève le soleil.
2. Rivage more : les pays musulmans d'Afrique du Nord.
3. Flamme : voir « feu », note 3, à la page 23.

Il n'est pas malaisé de voir
Que le but de ce conte est qu'un enfant apprenne
570 Qu'il vaut mieux s'exposer à la plus rude peine.
Que de manquer à son devoir;
Que la vertu peut être infortunée
Mais qu'elle est toujours couronnée;

Que contre un fol amour et ses fougueux transports*
575 La raison la plus forte est une faible digue,
Et qu'il n'est point de si riches trésors
Dont un amant ne soit prodigue;

Que de l'eau claire et du pain bis[1]
Suffisent pour la nourriture
580 De toute jeune créature,
Pourvu qu'elle ait de beaux habits;
Que sous le ciel il n'est point de femelle[2]
Qui ne s'imagine être belle,
Et qui souvent ne s'imagine encor
585 Que si des trois beautés la fameuse querelle
S'était démêlée avec elle,
Elle aurait eu la pomme d'or[3].

Le conte de Peau d'Âne est difficile à croire,
Mais tant que dans le monde on aura des enfants,
590 Des mères et des mères-grands,
On en gardera la mémoire.

---

1. Pain bis: pain de son, d'un brun très foncé.
2. Femelle: personne de sexe féminin, sans idée de mépris.
3. Selon la mythologie, la cause de la guerre de Troie tire son origine d'une querelle entre trois déesses, Héra, Athéna et Aphrodite, pour savoir laquelle était la plus belle et méritait la pomme d'or. Le Troyen Pâris trancha en faveur d'Aphrodite, qui lui accorda en remerciement Hélène, épouse d'un roi grec.

ILLUSTRATION D'EVA FRANTOVÁ.

La Belle au bois dormant

Il était une fois un roi et une reine qui étaient si fâchés[1] de n'avoir point d'enfants, si fâchés qu'on ne saurait dire. Ils allèrent à toutes les eaux[2] du monde ; vœux, pèlerinages, menues dévotions[3], tout fut mis en œuvre, et rien n'y faisait. Enfin pourtant la reine devint grosse, et
5 accoucha d'une fille : on fit un beau baptême ; on donna pour marraines à la petite princesse toutes les fées qu'on pût trouver dans le pays (il s'en trouva sept), afin que chacune d'elles lui faisant un don, comme c'était la coutume des fées en ce temps-là, la princesse eût par ce moyen toutes les perfections imaginables.

10 Après les cérémonies du baptême, toute la compagnie[4] revint au palais du roi, où il y avait un grand festin pour les fées. On mit devant chacune d'elles un couvert magnifique, avec un étui d'or massif, où il y avait une cuiller, une fourchette, et un couteau de fin or, garni de diamants et de rubis. Mais comme chacun prenait sa place à table, on
15 vit entrer une vieille fée qu'on n'avait point priée* parce qu'il y avait plus de cinquante ans qu'elle n'était sortie d'une tour et qu'on la croyait morte, ou enchantée[5]. Le roi lui fit donner un couvert, mais il n'y eut pas moyen de lui donner un étui d'or massif, comme aux autres, parce que l'on n'en avait fait faire que sept pour les sept fées.
20 La vieille crut qu'on la méprisait, et grommela quelques menaces entre ses dents. Une des jeunes fées qui se trouva auprès d'elle l'entendit, et jugeant qu'elle pourrait donner quelque fâcheux don à la petite princesse, alla, dès qu'on fut sorti de table, se cacher derrière la tapisserie[6], afin de parler la dernière, et de pouvoir réparer autant
25 qu'il lui serait possible le mal que la vieille aurait fait.

---

1. Fâchés : peinés, attristés.
2. Les eaux : stations thermales où des bains chauds, froids ou de vapeur, etc. étaient censés guérir.
3. Vœux, pèlerinages, […] dévotions : en dernier recours, dans les causes désespérées, on fait appel à Dieu à qui l'on fait des promesses, par exemple faire un pèlerinage ou construire une chapelle.
4. Compagnie : les invités, la foule.
5. Enchantée : victime d'un enchantement ou d'un mauvais sort.
6. Tapisserie : grande pièce tissée suspendue au mur, représentant souvent une scène pastorale.

Cependant* les fées commencèrent à faire leurs dons à la princesse. La plus jeune lui donna pour don qu'elle serait la plus belle du monde, celle d'après qu'elle aurait de l'esprit comme un ange, la troisième qu'elle aurait une grâce admirable à tout ce qu'elle ferait, la quatrième

30 qu'elle danserait parfaitement bien, la cinquième qu'elle chanterait comme un rossignol, et la sixième qu'elle jouerait de toutes sortes d'instruments à la perfection. Le rang[1] de la vieille fée étant venu, elle dit en branlant la tête, encore plus de dépit que de vieillesse, que la princesse se percerait la main d'un fuseau[2], et qu'elle en mourrait.

35 Ce terrible don fit frémir toute la compagnie*, et il n'y eut personne qui ne pleurât. Dans ce moment la jeune fée sortit de derrière la tapisserie*, et dit tout haut ces paroles : « Rassurez-vous, roi et reine, votre fille n'en mourra pas : il est vrai que je n'ai pas assez de puissance pour défaire entièrement ce que mon ancienne a fait. La prin-

40 cesse se percera la main d'un fuseau ; mais au lieu d'en mourir, elle tombera seulement dans un profond sommeil qui durera cent ans, au bout desquels le fils d'un roi viendra la réveiller. »

Le roi, pour tâcher d'éviter le malheur annoncé par la vieille, fit publier aussitôt un édit, par lequel il défendait à toutes personnes de

45 filer au fuseau, ni d'avoir des fuseaux chez soi sur peine de la vie[3].

Au bout de quinze ou seize ans, le roi et la reine étant allés à une de leurs maisons de plaisance, il arriva que la jeune princesse courant un jour dans le château, et montant de chambre en chambre, alla jusqu'au haut d'un donjon dans un petit galetas[4], où une bonne

50 vieille était seule à filer sa quenouille[5]. Cette bonne femme n'avait point ouï* parler des défenses que le roi avait faites de filer au fuseau.

— Que faites-vous là, ma bonne femme ? dit la princesse.

— Je file, ma belle enfant, lui répondit la vieille qui ne la connaissait pas.

55 — Ha ! que cela est joli, reprit la princesse, comment faites-vous ? Donnez-moi que je voie si j'en ferais bien autant.

---

1. Le rang : Le tour.
2. Fuseau : instrument de bois aux bouts pointus servant à enrouler le fil ou à filer la laine.
3. Sur peine de la vie : sous peine de mort.
4. Galetas : grenier.
5. Quenouille : autre instrument servant à filer.

Elle n'eut pas plus tôt[1] pris le fuseau, que comme elle était fort vive, un peu étourdie, et que d'ailleurs l'arrêt des fées l'ordonnait ainsi, elle s'en perça la main, et tomba évanouie.

60 La bonne vieille, bien embarrassée, crie au secours : on vient de tous côtés, on jette de l'eau au visage de la princesse, on la délace[2], on lui frappe dans les mains, on lui frotte les tempes avec de l'eau de la reine de Hongrie[3] ; mais rien ne la faisait revenir. Alors le roi, qui était monté au bruit, se souvint de la prédiction des fées, et jugeant

65 bien qu'il fallait que cela arrivât, puisque les fées l'avaient dit, fit mettre la princesse dans le plus bel appartement du palais, sur un lit en broderie d'or et d'argent. On eût dit d'un ange, tant elle était belle ; car son évanouissement n'avait pas ôté les couleurs vives de son teint : ses joues étaient incarnates, et ses lèvres comme du corail ;

70 elle avait seulement les yeux fermés, mais on l'entendait respirer doucement, ce qui faisait voir qu'elle n'était pas morte. Le roi ordonna qu'on la laissât dormir en repos, jusqu'à ce que son heure de se réveiller fût venue.

La bonne fée qui lui avait sauvé la vie, en la condamnant à dormir

75 cent ans, était dans le royaume de Mataquin, à douze mille lieues[4] de là, lorsque l'accident arriva à la princesse ; mais elle en fut avertie en un instant par un petit nain, qui avait des bottes de sept lieues (c'était des bottes avec lesquelles on faisait sept lieues d'une seule enjambée). La fée partit aussitôt, et on la vit au bout d'une heure arriver dans un

80 chariot tout de feu, traîné par des dragons.

Le roi lui alla présenter la main à la descente du chariot. Elle approuva tout ce qu'il avait fait ; mais comme elle était grandement prévoyante, elle pensa que quand la princesse viendrait à se réveiller, elle serait bien embarrassée toute seule dans ce vieux château. Voici

85 ce qu'elle fit : elle toucha de sa baguette tout ce qui était dans ce château (hors le roi et la reine), gouvernantes, filles d'honneur, femmes de chambre, gentilshommes, officiers, maîtres d'hôtel, cuisiniers,

---

1. Plus tôt : aussitôt.
2. Les dames portaient des corsets lacés serré qui gênaient parfois la respiration.
3. Eau de la reine de Hongrie : remède à base d'alcool et de diverses herbes popularisé par Isabelle de Hongrie, alors âgée et malade.
4. Lieues : anciennes mesures de distance. Une lieue vaut environ quatre kilomètres.

marmitons*, galopins, gardes, suisses, pages, valets de pied ; elle toucha
aussi tous les chevaux qui étaient dans les écuries, avec les palefre-
90 niers, les gros mâtins[1] de basse-cour*, et la petite Pouffe, petite
chienne de la princesse, qui était auprès d'elle sur son lit. Dès qu'elle
les eut touchés, ils s'endormirent tous, pour ne se réveiller qu'en
même temps que leur maîtresse, afin d'être tout prêts à la servir
quand elle en aurait besoin ; les broches mêmes qui étaient au feu
95 toutes pleines de perdrix et de faisans s'endormirent, et le feu aussi.

Tout cela se fit en un moment ; les fées n'étaient pas longues à leur
besogne. Alors le roi et la reine, après avoir baisé leur chère enfant
sans qu'elle s'éveillât, sortirent du château, et firent publier des
défenses à qui que ce soit d'en approcher. Ces défenses n'étaient pas
100 nécessaires, car il crût dans un quart d'heure tout autour du parc une
si grande quantité de grands arbres et de petits, de ronces et d'épines
entrelacées les unes dans les autres, que bête ni homme n'y aurait
pu passer : en sorte qu'on ne voyait plus que le haut des tours du
château, encore n'était-ce que de bien loin. On ne douta point que la fée
105 n'eût encore fait là un tour de son métier, afin que la princesse, pendant qu'elle dormirait, n'eût rien à craindre des curieux.

Au bout de cent ans, le fils du roi qui régnait alors, et qui était
d'une autre famille que la princesse endormie, étant allé à la chasse de
ce côté-là, demanda ce que c'était que ces tours qu'il voyait au-dessus
110 d'un grand bois fort épais ; chacun lui répondit selon qu'il en avait
ouï* parler. Les uns disaient que c'était un vieux château où il revenait des esprits ; les autres que tous les sorciers de la contrée y faisaient
leur sabbat. La plus commune opinion était qu'un ogre y demeurait,
et que là il emportait tous les enfants qu'il pouvait attraper, pour pou-
115 voir les manger à son aise, et sans qu'on le pût suivre, ayant seul le
pouvoir de se faire un passage au travers du bois. Le prince ne savait
qu'en croire, lorsqu'un vieux paysan prit la parole, et lui dit :

— Mon prince, il y a plus de cinquante ans que j'ai ouï dire à mon
père qu'il y avait dans ce château une princesse, la plus belle du
120 monde ; qu'elle y devait dormir cent ans, et qu'elle serait réveillée par
le fils d'un roi, à qui elle était réservée.

---

1. Mâtins : gros chiens.

Le jeune prince, à ce discours, se sentit tout de feu*; il crut sans balancer[1] qu'il mettrait fin à une si belle aventure; et poussé par l'amour et par la gloire, il résolut de voir sur-le-champ ce qu'il en était.

125 À peine s'avança-t-il vers le bois que tous ces grands arbres, ces ronces et ces épines s'écartèrent d'eux-mêmes pour le laisser passer: il marcha vers le château qu'il voyait au bout d'une grande avenue où il entra, et ce qui le surprit un peu, il vit que personne de ses gens ne l'avait pu suivre, parce que les arbres s'étaient rapprochés dès qu'il

130 avait été passé. Il ne laissa pas de[2] continuer son chemin: un prince jeune et amoureux est toujours vaillant. Il entra dans une grande avant-cour[3] où tout ce qu'il vit d'abord était capable de le glacer de crainte: c'était un silence affreux, l'image de la mort s'y présentait partout, et ce n'était que des corps étendus d'hommes et d'animaux,

135 qui paraissaient morts. Il reconnut pourtant bien au nez bourgeonné et à la face vermeille des suisses[4] qu'ils n'étaient qu'endormis, et leurs tasses, où il y avait encore quelques gouttes de vin, montraient assez qu'ils s'étaient endormis en buvant. Il passe une grande cour pavée de marbre, il monte l'escalier, il entre dans la salle des gardes qui étaient

140 rangés en haie, la carabine sur l'épaule, et ronflant de leur mieux. Il traverse plusieurs chambres pleines de gentilshommes et de dames, dormant tous, les uns debout, les autres assis; il entre dans une chambre toute dorée, et il vit sur un lit, dont les rideaux étaient ouverts de tous côtés, le plus beau spectacle qu'il eût jamais vu: une

145 princesse qui paraissait avoir quinze ou seize ans, et dont l'éclat resplendissant avait quelque chose de lumineux et de divin. Il s'approcha en tremblant et en admirant, et se mit à genoux auprès d'elle.

Alors comme la fin de l'enchantement était venue, la princesse s'éveilla; et le regardant avec des yeux plus tendres qu'une première

150 vue ne semblait le permettre:

---

1. Balancer: hésiter.

2. Ne laissa pas de: ne cessa pas de, n'hésita pas à.

3. Un château pouvait, selon son importance, comporter nombre de jardins et de cours: l'avant-cour (qui précède la cour principale), la basse-cour (voir la note 5, à la page 22), la cour d'honneur, l'arrière-cour, etc.

4. Les gardes suisses, postés aux entrées, abusaient parfois du vin pendant les veilles de nuit, d'où leur nez et leurs joues rouges.

— Est-ce vous, mon prince? lui dit-elle, vous vous êtes bien fait attendre.

Le prince, charmé de ces paroles, et plus encore de la manière dont elles étaient dites, ne savait comment lui témoigner sa joie et sa recon-
155 naissance; il l'assura qu'il l'aimait plus que lui-même. Ses discours furent mal rangés[1], ils en plurent davantage: peu d'éloquence, beau-coup d'amour. Il était plus embarrassé qu'elle, et l'on ne doit pas s'en étonner; elle avait eu le temps de songer à ce qu'elle aurait à lui dire, car il y a apparence (l'histoire n'en dit pourtant rien) que la bonne fée,
160 pendant un si long sommeil, lui avait procuré le plaisir des songes agréables. Enfin il y avait quatre heures qu'ils se parlaient, et ils ne s'étaient pas encore dit la moitié des choses qu'ils avaient à se dire.

Cependant* tout le palais s'était réveillé avec la princesse; chacun songeait à faire sa charge, et comme ils n'étaient pas tous amoureux,
165 ils mouraient de faim; la dame d'honneur, pressée comme les autres, s'impatienta, et dit tout haut à la princesse que la viande était servie. Le prince aida la princesse à se lever; elle était tout habillée et fort magnifiquement; mais il se garda bien de lui dire qu'elle était habillée comme ma mère-grand, et qu'elle avait un collet monté[2]: elle n'en
170 était pas moins belle.

Ils passèrent dans un salon de miroirs, et y soupèrent, servis par les officiers de la princesse; les violons et les hautbois jouèrent de vieilles pièces, mais excellentes, quoiqu'il y eût près de cent ans qu'on ne les jouât plus; et après souper, sans perdre de temps, le grand aumônier
175 les maria dans la chapelle du château, et la dame d'honneur leur tira le rideau[3]: ils dormirent peu, la princesse n'en avait pas grand besoin, et le prince la quitta dès le matin pour retourner à la ville, où son père devait être en peine de lui.

---

1. Mal rangés: maladroits, à cause de la surprise.
2. À la publication des *Contes*, en 1697, la mode des collets hauts était passée depuis longtemps. Au figuré, «être collet monté» signifie avoir une attitude guindée, être snob.
3. Les lits à baldaquins ou à colonnes étaient entourés de rideaux qui gardaient intimité et chaleur. Quand «les rideaux étaient ouverts de tous côtés» (l. 143-144), c'était signe que l'on pouvait communiquer avec les occupants du lit.

Le prince lui dit qu'en chassant il s'était perdu dans la forêt, et qu'il
180 avait couché dans la hutte d'un charbonnier, qui lui avait fait manger
du pain noir et du fromage. Le roi son père, qui était bon homme, le
crut, mais sa mère n'en fut pas bien persuadée, et voyant qu'il allait
presque tous les jours à la chasse, et qu'il avait toujours une raison
pour s'excuser, quand il avait couché deux ou trois nuits dehors, elle
185 ne douta plus qu'il n'eût quelque amourette : car il vécut avec la princesse plus de deux ans entiers, et en eut deux enfants, dont le premier,
qui fut une fille, fut nommée l'Aurore, et le second un fils, qu'on
nomma le Jour, parce qu'il paraissait encore plus beau que sa sœur.

La reine dit plusieurs fois à son fils, pour le faire s'expliquer, qu'il
190 fallait se contenter dans la vie, mais il n'osa jamais se fier à elle de son
secret[1] ; il la craignait quoiqu'il l'aimât, car elle était de race ogresse,
et le roi ne l'avait épousée qu'à cause de ses grands biens ; on disait
même tout bas à la cour qu'elle avait les inclinations des ogres, et
qu'en voyant passer de petits enfants, elle avait toutes les peines du
195 monde à se retenir de se jeter sur eux ; ainsi le prince ne voulut jamais
rien dire. Mais quand le roi fut mort, ce qui arriva au bout de deux
ans, et qu'il se vit le maître, il déclara publiquement son mariage, et
alla en grande cérémonie quérir la reine sa femme dans son château.
On lui fit une entrée magnifique dans la ville capitale, où elle entra au
200 milieu de ses deux enfants.

Quelque temps après, le roi alla faire la guerre à l'empereur
Cantalabutte son voisin. Il laissa la régence du royaume à la reine sa
mère, et lui recommanda fort sa femme et ses enfants : il devait être à
la guerre tout l'été, et dès qu'il fut parti, la reine-mère envoya sa bru
205 et ses enfants à une maison de campagne dans les bois, pour pouvoir
plus aisément assouvir son horrible envie. Elle y alla quelques jours
après, et dit un soir à son maître d'hôtel :

— Je veux manger demain à mon dîner la petite Aurore.

— Ah ! Madame, dit le maître d'hôtel.

---

1. Se fier à elle de son secret : lui confier son secret.

210 — Je le veux, dit la reine (et elle le dit d'un ton d'ogresse qui a envie de manger de la chair fraîche), et je la veux manger à la sauce-robert[1].

Ce pauvre homme, voyant bien qu'il ne fallait pas se jouer à[2] une ogresse, prit son grand couteau, et monta à la chambre de la petite
215 Aurore : elle avait pour lors quatre ans, et vint en sautant et en riant se jeter à son col, et lui demander du bonbon. Il se mit à pleurer, le couteau lui tomba des mains, et il alla dans la basse-cour* couper la gorge à un petit agneau, et lui fit une si bonne sauce que sa maîtresse l'assura qu'elle n'avait jamais rien mangé de si bon. Il avait emporté
220 en même temps la petite Aurore, et l'avait donnée à sa femme pour la cacher dans le logement qu'elle avait au fond de la basse-cour.

Huit jours après, la méchante reine dit à son maître d'hôtel :

— Je veux manger à mon souper le petit Jour.

Il ne répliqua pas, résolu de la tromper comme l'autre fois ; il alla
225 chercher le petit Jour, et le trouva avec un petit fleuret à la main, dont il faisait des armes avec un gros singe[3] ; il n'avait pourtant que trois ans. Il le porta à sa femme qui le cacha avec la petite Aurore, et donna à la place du petit Jour un petit chevreau fort tendre, que l'ogresse trouva admirablement bon.

230 Cela était fort bien allé jusque-là ; mais un soir cette méchante reine dit au maître d'hôtel :

— Je veux manger la reine à la même sauce que ses enfants.

Ce fut alors que le pauvre maître d'hôtel désespéra de la pouvoir encore tromper. La jeune reine avait vingt ans passés, sans compter les
235 cent ans qu'elle avait dormi : sa peau était un peu dure, quoique belle et blanche ; et le moyen de trouver dans la ménagerie* une bête aussi dure que cela ? Il prit la résolution, pour sauver sa vie, de couper la gorge à la reine, et monta dans sa chambre, dans l'intention de n'en pas faire à deux fois[4] ; il s'excitait à la fureur[5], et entra le poignard à

---

1. Sauce-robert : sorte de sauce à la moutarde.
2. Se jouer à : s'opposer à, se moquer de.
3. Le singe était un animal de compagnie assez courant chez les nobles ; le petit Jour joue à s'exercer à l'épée avec son singe.
4. N'en pas faire à deux fois : ne pas traîner, ne pas y songer deux fois avant de le faire.
5. Il s'excitait à la fureur : il essayait de se donner du courage, de stimuler en lui la colère.

240 la main dans la chambre de la jeune reine. Il ne voulut pourtant point la surprendre, et il lui dit avec beaucoup de respect l'ordre qu'il avait reçu de la reine-mère.

— Faites votre devoir, lui dit-elle, en lui tendant le col ; exécutez l'ordre qu'on vous a donné ; j'irai revoir mes enfants, mes pauvres
245 enfants que j'ai tant aimés.

Car elle les croyait morts depuis qu'on les avait enlevés sans rien lui dire.

— Non, non, Madame, lui répondit le pauvre maître d'hôtel tout attendri, vous ne mourrez point, et vous ne laisserez pas* d'aller
250 revoir vos chers enfants, mais ce sera chez moi où je les ai cachés, et je tromperai encore la reine, en lui faisant manger une jeune biche en votre place.

Il la mena aussitôt à sa chambre, où la laissant embrasser ses enfants et pleurer avec eux, il alla accommoder une biche, que la reine
255 mangea à son souper, avec le même appétit que si c'eût été la jeune reine. Elle était bien contente de sa cruauté, et elle se préparait à dire au roi, à son retour, que les loups enragés avaient mangé la reine sa femme et ses deux enfants.

Un soir qu'elle rôdait comme d'habitude dans les cours et basses-
260 cours du château pour y halener[1] quelque viande fraîche, elle entendit dans une salle basse[2] le petit Jour qui pleurait, parce que la reine sa mère le voulait faire fouetter, à cause qu'il avait été méchant, et elle entendit aussi la petite Aurore qui demandait pardon pour son frère. L'ogresse reconnut la voix de la reine et de ses enfants, et
265 furieuse d'avoir été trompée, elle commande dès le lendemain au matin, avec une voix épouvantable qui faisait trembler tout le monde, qu'on apportât au milieu de la cour une grande cuve, qu'elle fit remplir de crapauds, de vipères, de couleuvres et de serpents, pour y faire jeter la reine et ses enfants, le maître d'hôtel, sa femme et sa servante :
270 elle avait donné ordre de les amener les mains liées derrière le dos. Ils étaient là, et les bourreaux se préparaient à les jeter dans la cuve,

---

1. Halener : renifler, flairer une proie. Ce verbe montre l'animalité de l'ogresse.
2. Basse : située au rez-de-chaussée (salle basse, appartement bas).

lorsque le roi, qu'on n'attendait pas si tôt, entra dans la cour à cheval ; il était venu en poste[1], et demanda tout étonné ce que voulait dire cet horrible spectacle ; personne n'osait l'en instruire, quand l'ogresse,
275 enragée de voir ce qu'elle voyait, se jeta elle-même la tête la première dans la cuve, et fut dévorée en un instant par les vilaines bêtes qu'elle y avait fait mettre. Le roi ne laissa pas* d'en être fâché* : elle était sa mère ; mais il s'en consola bientôt avec sa belle femme et ses enfants.

MORALITÉ

280 Attendre quelque temps pour avoir un époux,
    Riche, bien fait, galant* et doux,
    La chose est assez naturelle,
Mais l'attendre cent ans, et toujours en dormant,
    On ne trouve plus de femelle*,
285   Qui dormît si tranquillement.

La fable semble encor vouloir nous faire entendre*
Que souvent de l'hymen* les agréables nœuds,
Pour être différés, n'en sont pas moins heureux,
    Et qu'on ne perd rien pour attendre ;
290   Mais le sexe[2] avec tant d'ardeur,
    Aspire à la foi conjugale,
    Que je n'ai pas la force ni le cœur,
    De lui prêcher cette morale.

---

1. En poste : à toute vitesse, en changeant de cheval souvent, à chaque relais (ou poste).
2. Sexe : désigne les femmes, comme dans les expressions « le beau sexe », « le sexe faible », etc.

LE PETIT CHAPERON ROUGE

Il était une fois une petite fille de village, la plus jolie qu'on eût su voir ; sa mère en était folle, et sa mère-grand plus folle encore. Cette bonne femme lui fit faire un petit chaperon rouge, qui lui seyait si bien, que partout on l'appelait le Petit Chaperon rouge.

5 Un jour sa mère, ayant cuit et fait des galettes, lui dit :

— Va voir comme se porte ta mère-grand, car on m'a dit qu'elle était malade, porte-lui une galette et ce petit pot de beurre.

Le Petit Chaperon rouge partit aussitôt pour aller chez sa mère-grand, qui demeurait dans un autre village. En passant dans un bois 10 elle rencontra compère le loup, qui eut bien envie de la manger ; mais il n'osa, à cause de quelques bûcherons qui étaient dans la forêt. Il lui demanda où elle allait ; la pauvre enfant, qui ne savait pas qu'il est dangereux de s'arrêter à écouter un loup, lui dit :

— Je vais voir ma mère-grand, et lui porter une galette avec un 15 petit pot de beurre que ma mère lui envoie.

— Demeure-t-elle bien loin ? lui dit le loup.

— Oh ! oui, dit le Petit Chaperon rouge, c'est par-delà le moulin que vous voyez tout là-bas, là-bas, à la première maison du village.

— Eh bien ! dit le loup, je veux l'aller voir aussi ; je m'y en vais par ce 20 chemin ici, et toi par ce chemin-là, et nous verrons qui plus tôt y sera.

Le loup se mit à courir de toute sa force par le chemin qui était le plus court, et la petite fille s'en alla par le chemin le plus long, s'amusant à cueillir des noisettes, à courir après des papillons, et à faire des bouquets des petites fleurs qu'elle rencontrait.

25 Le loup ne fut pas longtemps à arriver à la maison de la mère-grand ; il heurte : Toc, toc.

— Qui est là ?

— C'est votre fille le Petit Chaperon rouge (dit le loup, en contre-faisant sa voix) qui vous apporte une galette et un petit pot de beurre 30 que ma mère vous envoie.

La bonne mère-grand, qui était dans son lit à cause qu'elle se trouvait un peu mal, lui cria :

— Tire la chevillette, la bobinette cherra[1].

Le loup tira la chevillette, et la porte s'ouvrit. Il se jeta sur la bonne
35 femme, et la dévora en moins de rien ; car il y avait plus de trois jours qu'il n'avait mangé. Ensuite il ferma la porte, et s'alla coucher dans le lit de la mère-grand, en attendant le Petit Chaperon rouge, qui quelque temps après vint heurter à la porte. Toc, toc.

— Qui est là ?

40 Le Petit Chaperon rouge, qui entendit la grosse voix du loup, eut peur d'abord, mais croyant que sa mère-grand était enrhumée, répondit :

— C'est votre fille le Petit Chaperon rouge, qui vous apporte une galette et un petit pot de beurre que ma mère vous envoie.

Le loup lui cria en adoucissant un peu sa voix :

45 — Tire la chevillette, la bobinette cherra.

Le Petit Chaperon rouge tira la chevillette, et la porte s'ouvrit. Le loup, la voyant entrer, lui dit en se cachant dans le lit sous la couverture :

— Mets la galette et le petit pot de beurre sur la huche, et viens te coucher avec moi.

50 Le Petit Chaperon rouge se déshabille, et va se mettre dans le lit, où elle fut bien étonnée de voir comment sa mère-grand était faite en son déshabillé. Elle lui dit :

— Ma mère-grand, que vous avez de grands bras !

— C'est pour mieux t'embrasser*, ma fille.

55 — Ma mère-grand, que vous avez de grandes jambes !

— C'est pour mieux courir, mon enfant.

— Ma mère-grand, que vous avez de grandes oreilles !

— C'est pour mieux écouter, mon enfant.

— Ma mère-grand, que vous avez de grands yeux !

60 — C'est pour mieux voir, mon enfant.

— Ma mère-grand, que vous avez de grandes dents !

— C'est pour te manger.

Et en disant ces mots, ce méchant loup se jeta sur le Petit Chaperon rouge, et la mangea.

---

1. Chevillette et bobinette faisaient partie anciennement d'un système de loquet permettant de fermer une porte. Cherra : verbe « choir » (tomber, être entraîné vers le bas), au futur simple.

65   MORALITÉ

On voit ici que de jeunes enfants,
     Surtout de jeunes filles
     Belles, bien faites, et gentilles,
Font très mal d'écouter toute sorte de gens,
70   Et que ce n'est pas chose étrange,
     S'il en est tant que le loup mange.
     Je dis le loup, car tous les loups
     Ne sont pas de la même sorte ;
     Il en est d'une humeur accorte,
75   Sans bruit, sans fiel et sans courroux [1],
     Qui privés [2], complaisants et doux,
     Suivent les jeunes demoiselles
Jusque dans les maisons, jusque dans les ruelles [3] ;
     Mais hélas ! qui ne sait que ces loups doucereux,
80   De tous les loups sont les plus dangereux.

---

1. Sans fiel et sans courroux : sans haine ni colère.
2. Privés : familiers, c'est-à-dire qui font partie de la vie privée des gens.
3. Ruelles : espaces entre les lits et les murs.

ILLUSTRATION D'EVA FRANTOVÁ.

LA BARBE BLEUE

Il était une fois un homme qui avait de belles maisons à la ville et à la campagne, de la vaisselle d'or et d'argent, des meubles en broderie, et des carrosses tout dorés ; mais par malheur cet homme avait la barbe bleue : cela le rendait si laid et si terrible qu'il n'était ni femme
5 ni fille qui ne s'enfuît de devant lui.

Une de ses voisines, dame de qualité [1], avait deux filles parfaitement belles. Il lui en demanda une en mariage, et lui laissa le choix de celle qu'elle voudrait lui donner. Elles n'en voulaient point toutes deux, et se le renvoyaient l'une à l'autre, ne pouvant se résoudre à
10 prendre un homme qui eût la barbe bleue. Ce qui les dégoûtait encore, c'est qu'il avait déjà épousé plusieurs femmes, et qu'on ne savait ce que ces femmes étaient devenues.

La Barbe bleue, pour faire connaissance, les mena avec leur mère et trois ou quatre de leurs meilleures amies, et quelques jeunes gens
15 du voisinage, à une de ses maisons de campagne, où on demeura huit jours entiers. Ce n'étaient que promenades, que parties de chasse et de pêche, que danses et festins, que collations : on ne dormait point, et on passait toute la nuit à se faire des malices [2] les uns aux autres ; enfin tout alla si bien que la cadette commença à trouver que le maître du
20 logis n'avait plus la barbe si bleue, et que c'était un fort honnête [3] homme. Dès qu'on fut de retour à la ville, le mariage se conclut.

Au bout d'un mois, la Barbe bleue dit à sa femme qu'il était obligé de faire un voyage en province, de six semaines au moins, pour une affaire de conséquence [4] ; qu'il la priait de se bien divertir pendant son
25 absence ; qu'elle fît venir ses bonnes amies, qu'elle les menât à la campagne, si elle voulait, que partout elle fît bonne chère.

---

1. De qualité : qui appartient à la noblesse.
2. Malices : tours, plaisanteries.
3. Honnête : cultivé, distingué, galant et bien en vue dans la haute société.
4. De conséquence : grave, importante.

— Voilà, lui dit-il, les clefs des deux grands garde-meubles [1], voilà celles de la vaisselle d'or et d'argent qui ne sert pas tous les jours, voilà celles de mes coffres-forts où est mon or et mon argent, celles
30 des cassettes* où sont mes pierreries, et voilà le passe-partout de tous les appartements. Pour cette petite clef-ci, c'est la clef du cabinet [2] au bout de la grande galerie de l'appartement bas* : ouvrez tout, allez partout, mais, pour ce petit cabinet, je vous défends d'y entrer, et je vous le défends de telle sorte que, s'il vous arrive de l'ouvrir, il n'y a
35 rien que vous ne deviez attendre de ma colère.

Elle promit d'observer exactement tout ce qui lui venait d'être ordonné ; et lui, après l'avoir embrassée, il monte dans son carrosse, et part pour son voyage.

Les voisines et les bonnes amies n'attendirent pas qu'on les envoyât
40 quérir pour aller chez la jeune mariée, tant elles avaient d'impatience de voir toutes les richesses de sa maison, n'ayant osé y venir pendant que le mari y était, à cause de sa barbe bleue qui leur faisait peur. Les voilà aussitôt à parcourir les chambres, les cabinets, les garde-robes, toutes plus belles et plus riches les unes que les autres. Elles montè-
45 rent ensuite aux garde-meubles, où elles ne pouvaient assez admirer le nombre et la beauté des tapisseries*, des lits, des sofas, des cabinets, des guéridons, des tables et des miroirs où l'on se voyait depuis les pieds jusqu'à la tête [3], et dont les bordures, les unes de glace, les autres d'argent et de vermeil doré, étaient les plus belles et les plus
50 magnifiques qu'on eût jamais vues. Elles ne cessaient d'exagérer et d'envier le bonheur de leur amie, qui cependant* ne se divertissait point à voir toutes ces richesses, à cause de l'impatience qu'elle avait d'aller ouvrir le cabinet de l'appartement bas.

Elle fut si pressée de sa curiosité, que sans considérer qu'il était
55 malhonnête [4] de quitter sa compagnie*, elle y descendit par un petit

---

1. Garde-meubles : réserves de meubles et d'articles de décoration, au cas où l'on voudrait changer le mobilier ou refaire la décoration d'une pièce.
2. Cabinet : pièce à l'écart, pour le travail ou le repos, parfois pour la conservation d'objets précieux. Il peut aussi s'agir d'une simple armoire fermant à clé.
3. À la publication des *Contes*, en 1697, on commence à peine à savoir fabriquer d'aussi grands miroirs. C'est donc une rareté, un objet très précieux.
4. Malhonnête : contraire au comportement attendu d'une honnête personne, c'est-à-dire un manque de respect envers les autres.

escalier dérobé, et avec tant de précipitation qu'elle pensa [1] se rompre
le cou deux ou trois fois. Étant arrivée à la porte du cabinet, elle s'y
arrêta quelque temps, songeant à la défense que son mari lui avait
faite, et considérant qu'il pourrait lui arriver malheur d'avoir été dés-
60 obéissante; mais la tentation était si forte qu'elle ne put la surmonter:
elle prit donc la petite clef, et ouvrit en tremblant la porte du cabinet.

D'abord elle ne vit rien, parce que les fenêtres étaient fermées;
après quelques moments, elle commença à voir que le plancher était
tout couvert de sang caillé, et que dans ce sang se miraient les corps
65 de plusieurs femmes mortes et attachées le long des murs (c'était
toutes les femmes que la Barbe bleue avait épousées et qu'il avait égorgées l'une après l'autre). Elle pensa mourir de peur, et la clef du
cabinet qu'elle venait de retirer de la serrure lui tomba de la main.
Après avoir un peu repris ses esprits, elle ramassa la clef, referma la
70 porte, et monta à sa chambre pour se remettre un peu; mais elle n'en
pouvait venir à bout, tant elle était émue. Ayant remarqué que la clef
du cabinet était tachée de sang, elle l'essuya deux ou trois fois, mais
le sang ne s'en allait point; elle eut beau la laver, et même la frotter
avec du sablon et avec du grès [2], il demeura toujours du sang, car la
75 clef était féc [3], et il n'y avait pas moyen de la nettoyer tout à fait:
quand on ôtait le sang d'un côté, il revenait de l'autre.

La Barbe bleue revint de son voyage dès le soir même, et dit qu'il
avait reçu des lettres dans le chemin, qui lui avaient appris que l'affaire pour laquelle il était parti venait d'être terminée à son avantage.
80 Sa femme fit tout ce qu'elle put pour lui témoigner qu'elle était ravie
de son prompt retour.

Le lendemain, il lui redemanda les clefs, et elle les lui donna, mais
d'une main si tremblante qu'il devina sans peine tout ce qui s'était passé.

— D'où vient, lui dit-il, que la clef du cabinet n'est point avec
85 les autres?

— Il faut, dit-elle, que je l'aie laissée là-haut sur ma table.

— Ne manquez pas, dit la Barbe bleue, de me la donner tantôt.

---

1. Pensa: faillit.
2. Le sablon et le grès sont des abrasifs qui servent à poncer et à polir.
3. Fée: magique, enchantée.

Après plusieurs remises[1], il fallut apporter la clef. La Barbe bleue, l'ayant considérée, dit à sa femme :

90 — Pourquoi y a-t-il du sang sur cette clef ?

— Je n'en sais rien, répondit la pauvre femme, plus pâle que la mort.

— Vous n'en savez rien, reprit la Barbe bleue ; je le sais bien, moi ; vous avez voulu entrer dans le cabinet*! Eh bien, Madame, vous
95 y entrerez, et irez prendre votre place auprès des dames que vous y avez vues.

Elle se jeta aux pieds de son mari, en pleurant et en lui demandant pardon, avec toutes les marques d'un vrai repentir, de n'avoir pas été obéissante. Elle aurait attendri un rocher, belle et affligée comme elle
100 était ; mais la Barbe bleue avait le cœur plus dur qu'un rocher.

— Il faut mourir, Madame, lui dit-il, et tout à l'heure[2].

— Puisqu'il faut mourir, répondit-elle, en le regardant les yeux baignés de larmes, donnez-moi un peu de temps pour prier Dieu.

— Je vous donne un demi-quart d'heure, reprit la Barbe bleue ;
105 mais pas un moment davantage.

Lorsqu'elle fut seule, elle appela sa sœur, et lui dit :

— Ma sœur Anne (car elle s'appelait ainsi), monte, je te prie, sur le haut de la tour, pour voir si mes frères ne viennent point ; ils m'ont promis qu'ils me viendraient voir aujourd'hui, et si tu les vois, fais-
110 leur signe de se hâter.

La sœur Anne monta sur le haut de la tour, et la pauvre affligée lui criait de temps en temps :

— *Anne, ma sœur Anne, ne vois-tu rien venir ?*

Et la sœur Anne lui répondait :

115 — *Je ne vois rien que le soleil qui poudroie*[3], *et l'herbe qui verdoie.*

Cependant* la Barbe bleue, tenant un grand coutelas à sa main, criait de toute sa force à sa femme :

— Descends vite, ou je monterai là-haut.

— Encore un moment, s'il vous plaît, lui répondait sa femme ; et
120 aussitôt elle criait tout bas : *Anne, ma sœur Anne, ne vois-tu rien venir ?*

---

1. Plusieurs remises : plusieurs remises à plus tard, des délais.
2. Tout à l'heure : tout de suite, sur-le-champ.
3. Le soleil qui poudroie : la poussière qui s'élève dans l'air est illuminée par le soleil.

Et la sœur Anne répondait :

— *Je ne vois rien que le soleil qui poudroie, et l'herbe qui verdoie.*

— Descends donc vite, criait la Barbe bleue, ou je monterai là-haut.

125   — Je m'en vais[1], répondait sa femme, et puis elle criait : *Anne, ma sœur Anne, ne vois-tu rien venir ?*

— Je vois, répondit la sœur Anne, une grosse poussière qui vient de ce côté-ci.

— Sont-ce mes frères ?

130   — Hélas ! non, ma sœur, c'est un troupeau de moutons.

— Ne veux-tu pas descendre ? criait la Barbe bleue.

— Encore un moment, répondait sa femme, et puis elle criait : *Anne, ma sœur Anne, ne vois-tu rien venir ?*

— Je vois, répondit-elle, deux cavaliers qui viennent de ce côté-ci,
135   mais ils sont bien loin encore… Dieu soit loué ! s'écria-t-elle un moment après, ce sont mes frères ; je leur fais signe tant que je puis de se hâter.

La Barbe bleue se mit à crier si fort que toute la maison en trembla. La pauvre femme descendit, et alla se jeter à ses pieds toute épleurée[2]
140   et toute échevelée.

— Cela ne sert de rien, dit la Barbe bleue, il faut mourir.

Puis, la prenant d'une main par les cheveux, et de l'autre levant le coutelas en l'air, il allait lui abattre la tête. La pauvre femme se tournant vers lui, et le regardant avec des yeux mourants, le pria de lui
145   donner un petit moment pour se recueillir.

— Non, non, dit-il, recommande-toi bien à Dieu ; et levant son bras…

· Dans ce moment on heurta si fort à la porte que la Barbe bleue s'arrêta tout court : on ouvrit, et aussitôt on vit entrer deux cavaliers
150   qui, mettant l'épée à la main, coururent droit à la Barbe bleue. Il reconnut que c'étaient les frères de sa femme, l'un dragon[3] et l'autre mousquetaire[4], de sorte qu'il s'enfuit aussitôt pour se sauver ; mais les

---

1. Je m'en vais : Je m'en viens.
2. Épleurée : éplorée, en pleurs.
3. Dragon : soldat à cheval (cavalerie légère).
4. Mousquetaire : soldat armé d'un mousquet, sorte de fusil ancien.

deux frères le poursuivirent de si près qu'ils l'attrapèrent avant qu'il
pût gagner le perron. Ils lui passèrent leur épée au travers du corps, et
155 le laissèrent mort. La pauvre femme était presque aussi morte que son
mari, et n'avait pas la force de se lever pour embrasser ses frères.

Il se trouva que la Barbe bleue n'avait point d'héritiers, et qu'ainsi
sa femme demeura maîtresse de tous ses biens[1]. Elle en employa une
partie à marier sa sœur Anne avec un jeune gentilhomme, dont elle
160 était aimée depuis longtemps ; une autre partie à acheter des charges[2]
de capitaine à ses deux frères ; et le reste à se marier elle-même à un
fort honnête* homme, qui lui fit oublier le mauvais temps qu'elle
avait passé avec la Barbe bleue.

MORALITÉ

165 La curiosité, malgré tous ses attraits,
         Coûte souvent bien des regrets ;
On en voit tous les jours mille exemples paraître.
C'est, n'en déplaise au sexe*, un plaisir bien léger ;
         Dès qu'on le prend, il cesse d'être.
170   Et toujours il coûte trop cher.

AUTRE MORALITÉ

         Pour peu qu'on ait l'esprit sensé
      Et que du monde on sache le grimoire[3],
         On voit bientôt que cette histoire
175   Est un conte du temps passé ;
         Il n'est plus d'époux si terrible,
         Ni qui demande l'impossible,
         Fût-il malcontent[4] et jaloux.
      Près de sa femme on le voit filer doux ;
180 Et de quelque couleur que sa barbe puisse être,
On a peine à juger qui des deux est le maître.

---

1. Les femmes ne pouvaient hériter que s'il n'y avait aucun héritier mâle.
2. Acheter des charges : pour obtenir un poste dans l'administration ou un grade dans l'armée,
   il fallait acheter la charge, c'est-à-dire payer un montant au trésor public.
3. Grimoire : livre hermétique, difficile à comprendre. Au figuré, « savoir le grimoire du monde »
   signifie comprendre le sens caché des choses.
4. Malcontent : mécontent.

Le Maître chat ou le Chat botté

Un meunier ne laissa pour tous biens à trois enfants qu'il avait que son moulin, son âne et son chat. Les partages furent bientôt faits, ni le notaire, ni le procureur n'y furent point appelés. Ils auraient eu bientôt mangé tout le pauvre patrimoine. L'aîné eut le moulin, le
5 second eut l'âne, et le plus jeune n'eut que le chat. Ce dernier ne pouvait se consoler d'avoir un si pauvre lot :

— Mes frères, disait-il, pourront gagner leur vie honnêtement en se mettant ensemble ; pour moi, lorsque j'aurai mangé mon chat, et que je me serai fait un manchon[1] de sa peau, il faudra que je meure
10 de faim.

Le chat, qui entendait ce discours, mais qui n'en fit pas semblant, lui dit d'un air posé et sérieux :

— Ne vous affligez point, mon maître, vous n'avez qu'à me donner un sac et me faire faire une paire de bottes pour aller dans les brous-
15 sailles, et vous verrez que vous n'êtes pas si mal partagé[2] que vous croyez.

Quoique le maître du chat ne fît pas grand fond là-dessus[3], il lui avait vu faire tant de tours de souplesse, pour prendre des rats et des souris, comme quand il se pendait par les pieds, ou qu'il se cachait
20 dans la farine pour faire le mort[4], qu'il ne désespéra pas d'en être secouru dans la misère.

Lorsque le chat eut ce qu'il avait demandé, il se botta bravement* et, mettant son sac à son cou, il en prit les cordons avec ses deux pattes de devant, et s'en alla dans une garenne[5] où il y avait grand nombre

---

1. Manchon : sac de fourrure ouvert aux deux bouts où l'on glisse les mains pour les protéger du froid.
2. Vous n'êtes pas si mal partagé : le partage ne vous est pas si défavorable.
3. Ne fît pas grand fond là-dessus : ne fondât pas beaucoup d'espoir là-dessus.
4. Dans les meuneries, greniers, entrepôts à grains, etc., on gardait des chats pour éliminer les souris et les rats.
5. Garenne : forêt, taillis où vivent des lapins sauvages.

25 de lapins. Il mit du son et des lasserons[1] dans son sac, et s'étendant comme s'il eût été mort, attendit que quelque jeune lapin, peu instruit encore des ruses de ce monde, vînt se fourrer dans son sac pour manger ce qu'il y avait mis. À peine fut-il couché, qu'il eut contentement : un jeune étourdi de lapin entra dans son sac, et le maître* chat
30 tirant aussitôt les cordons le prit et le tua sans miséricorde.

Tout glorieux de sa proie, il s'en alla chez le roi et demanda à lui parler. On le fit monter à l'appartement de sa majesté où, étant entré, il fit une grande révérence au roi, et lui dit :

— Voilà, sire, un lapin de garenne* que Monsieur le Marquis de
35 Carabas (c'était le nom qu'il lui prit en gré de donner à son maître) m'a chargé de vous présenter de sa part.

— Dis à ton maître, répondit le roi, que je le remercie, et qu'il me fait plaisir.

Une autre fois, il alla se cacher dans un blé[2], tenant toujours son
40 sac ouvert ; et lorsque deux perdrix y furent entrées, il tira les cordons, et les prit toutes deux. Il alla ensuite les présenter au roi, comme il avait fait du lapin de garenne. Le roi reçut encore avec plaisir les deux perdrix, et lui fit donner pour boire[3]. Le chat continua ainsi pendant deux ou trois mois à porter de temps en temps au roi du gibier de la
45 chasse de son maître.

Un jour qu'il sut que le roi devait aller à la promenade sur le bord de la rivière avec sa fille, la plus belle princesse du monde, il dit à son maître :

— Si vous voulez suivre mon conseil, votre fortune est faite ; vous
50 n'avez qu'à vous baigner dans la rivière, à l'endroit que je vous montrerai, et ensuite me laisser faire.

Le Marquis de Carabas fit ce que son chat lui conseillait, sans savoir à quoi cela serait bon. Dans le temps qu'il se baignait, le roi vint à passer, et le chat se mit à crier de toutes ses forces :

---

1. Lasserons : sortes de laitues, pour attirer les lapins.
2. Blé : champ de blé.
3. De nos jours, on écrit « pourboire », en un seul mot.

55   — Au secours ! au secours ! voilà Monsieur le Marquis de Carabas qui se noie !

À ce cri, le roi mit la tête à la portière, et, reconnaissant le chat qui lui avait apporté tant de fois du gibier, il ordonna à ses gardes qu'on allât vite au secours de Monsieur le Marquis de Carabas. Pendant
60 qu'on retirait le pauvre marquis de la rivière, le chat s'approcha du carrosse, et dit au roi que dans le temps que son maître se baignait, il était venu des voleurs qui avaient emporté ses habits, quoiqu'il eût crié au voleur de toute sa force ; le drôle les avait cachés sous une grosse pierre.

Le roi ordonna aussitôt aux officiers de sa garde-robe d'aller quérir
65 un de ses plus beaux habits pour Monsieur le Marquis de Carabas. Le roi lui fit mille caresses [1], et comme les beaux habits qu'on venait de lui donner relevaient sa bonne mine (car il était beau, et bien fait de sa personne), la fille du roi le trouva fort à son gré, et le Comte [2] de Carabas ne lui eut pas jeté deux ou trois regards fort respectueux, et
70 un peu tendres, qu'elle en devint amoureuse à la folie.

Le roi voulut qu'il montât dans son carrosse et qu'il fût de la promenade. Le chat, ravi de voir que son dessein commençait à réussir, prit les devants, et ayant rencontré des paysans qui fauchaient un pré, il leur dit :
75   — Bonnes gens qui fauchez, si vous ne dites au roi que le pré que vous fauchez appartient à Monsieur le Marquis de Carabas, vous serez tous hachés menu comme chair à pâté.

Le roi ne manqua pas à demander aux faucheux [3] à qui était ce pré qu'ils fauchaient :
80   — C'est à Monsieur le Marquis de Carabas, dirent-ils tous ensemble, car la menace du chat leur avait fait peur.

— Vous avez là un bel héritage, dit le roi au Marquis de Carabas.

— Vous voyez, sire, répondit le marquis, c'est un pré qui ne manque point de rapporter abondamment toutes les années.

---

1. Caresses : compliments, marques d'amitié.
2. Comte : erreur de l'auteur ou confusion de la princesse ?
3. Faucheux : faucheurs.

85   Le maître* chat, qui allait toujours devant, rencontra des moissonneurs et leur dit :

— Bonnes gens qui moissonnez, si vous ne dites que tous ces blés
appartiennent à Monsieur le Marquis de Carabas, vous serez tous
hachés menu comme chair à pâté.

90   Le roi, qui passa un moment après, voulut savoir à qui apparte-
naient tous les blés qu'il voyait.

— C'est à Monsieur le Marquis de Carabas, répondirent les moissonneurs, et le roi s'en réjouit encore avec le marquis.

Le chat, qui allait devant le carrosse, disait toujours la même chose
95   à tous ceux qu'il rencontrait ; et le roi était étonné des grands biens de
Monsieur le Marquis de Carabas. Le maître chat arriva enfin dans un
beau château dont le maître était un ogre, le plus riche qu'on ait
jamais vu, car toutes les terres par où le roi avait passé étaient de la
dépendance de ce château. Le chat, qui eut soin de s'informer qui était
100 cet ogre, et ce qu'il savait faire, demanda à lui parler, disant qu'il
n'avait pas voulu passer si près de son château sans avoir l'honneur de
lui faire la révérence. L'ogre le reçut aussi civilement [1] que le peut un
ogre, et le fit reposer.

— On m'a assuré, dit le chat, que vous aviez le don de vous
105 changer en toutes sortes d'animaux, que vous pouviez, par exemple,
vous transformer en lion, en éléphant ?

— Cela est vrai, répondit l'ogre brusquement, et pour vous le
montrer, vous m'allez voir devenir lion.

Le chat fut si effrayé de voir un lion devant lui, qu'il gagna aussitôt
110 les gouttières, non sans peine et sans péril, à cause de ses bottes qui ne
valaient rien pour marcher sur les tuiles. Quelque temps après, le
chat, ayant vu que l'ogre avait quitté sa première forme, descendit, et
avoua qu'il avait eu bien peur.

—- On m'a assuré encore, dit le chat, mais je ne saurais le croire,
115 que vous aviez aussi le pouvoir de prendre la forme des plus petits
animaux, par exemple, de vous changer en un rat, en une souris ; je
vous avoue que je tiens cela tout à fait impossible.

---

1. Civilement : poliment.

— Impossible ? reprit l'ogre ; vous allez voir.

Et en même temps il se changea en une souris, qui se mit à courir
120 sur le plancher. Le chat ne l'eut pas plus tôt* aperçue qu'il se jeta
dessus et la mangea.

Cependant* le roi, qui vit en passant le beau château de l'ogre,
voulut entrer dedans. Le chat, qui entendit le bruit du carrosse qui
passait sur le pont-levis, courut au-devant et dit au roi :

125 — Votre majesté soit la bienvenue dans le château de Monsieur le
Marquis de Carabas.

— Comment, Monsieur le Marquis, s'écria le roi, ce château est
encore à vous ! Il ne se peut rien de plus beau que cette cour et que tous
ces bâtiments qui l'environnent ; voyons les dedans, s'il vous plaît.

130 Le marquis donna la main à la jeune princesse, et suivant le roi qui
montait le premier, ils entrèrent dans une grande salle où ils trouvèrent une magnifique collation que l'ogre avait fait préparer pour ses
amis qui le devaient venir voir ce même jour-là, mais qui n'avaient
pas osé entrer, sachant que le roi y était. Le roi, charmé des bonnes
135 qualités de Monsieur le Marquis de Carabas, de même que sa fille qui
en était folle, et voyant les grands biens qu'il possédait, lui dit, après
avoir bu cinq ou six coups :

— Il ne tiendra qu'à vous, Monsieur le Marquis, que vous ne soyez
mon gendre.

140 Le marquis, faisant de grandes révérences, accepta l'honneur que
lui faisait le roi, et dès le même jour épousa la princesse. Le chat
devint grand seigneur, et ne courut plus après les souris que pour
se divertir.

MORALITÉ

145   Quelque grand que soit l'avantage
    De jouir d'un riche héritage
    Venant à nous de père en fils,
    Aux jeunes gens pour l'ordinaire,
    L'industrie* et le savoir-faire
150   Valent mieux que des biens acquis.

AUTRE MORALITÉ

Si le fils d'un meunier, avec tant de vitesse,
    Gagne le cœur d'une princesse,
Et s'en fait regarder avec des yeux mourants[1] ;
155   C'est que l'habit, la mine et la jeunesse,
    Pour inspirer de la tendresse,
N'en sont pas des moyens toujours indifférents[2].

---

1. C'est-à-dire mourant d'amour, amoureux au point d'en mourir
2. N'en sont pas des moyens toujours indifférents : sont des moyens souvent très efficaces.

LES FÉES

Il était une fois une veuve qui avait deux filles ; l'aînée lui ressemblait si fort et d'humeur et de visage que qui la voyait voyait la mère. Elles étaient toutes deux si désagréables et si orgueilleuses qu'on ne pouvait vivre avec elles. La cadette, qui était le vrai portrait de son
5 père pour la douceur et pour l'honnêteté*, était avec cela une des plus belles filles qu'on eût su voir. Comme on aime naturellement son semblable, cette mère était folle de sa fille aînée, et en même temps avait une aversion effroyable pour la cadette. Elle la faisait manger à la cuisine¹ et travailler sans cesse.

10 Il fallait, entre autres choses, que cette pauvre enfant allât deux fois le jour puiser de l'eau à une grande demi-lieue* du logis, et qu'elle en rapportât plein une grande cruche. Un jour qu'elle était à cette fontaine, il vint à elle une pauvre femme qui la pria de lui donner à boire.

— Oui-da, ma bonne mère, dit cette belle fille.

15 Et rinçant aussitôt sa cruche, elle puisa de l'eau au plus bel endroit de la fontaine et la lui présenta, soutenant toujours la cruche afin qu'elle bût plus aisément. La bonne femme, ayant bu, lui dit :

— Vous êtes si belle, si bonne et si honnête que je ne puis m'empêcher de vous faire un don (car c'était une fée qui avait pris la forme
20 d'une pauvre femme de village, pour voir jusqu'où irait l'honnêteté de cette jeune fille). Je vous donne pour don, poursuivit la fée, qu'à chaque parole que vous direz, il vous sortira de la bouche ou une fleur, ou une pierre précieuse.

Lorsque cette belle fille arriva au logis, sa mère la gronda de revenir
25 si tard de la fontaine.

— Je vous demande pardon, ma mère, dit cette pauvre fille, d'avoir tardé si longtemps.

Et en disant ces mots, il lui sortit de la bouche deux roses, deux perles et deux gros diamants.

---

1. Avec les domestiques, signe d'infériorité.

30 — Que vois-je là ! dit sa mère tout étonnée ; je crois qu'il lui sort de la bouche des perles et des diamants ; d'où vient cela, ma fille ? (Ce fut là la première fois qu'elle l'appela sa fille.)

La pauvre enfant lui raconta naïvement tout ce qui lui était arrivé, non sans jeter une infinité de diamants.

35 — Vraiment, dit la mère, il faut que j'y envoie ma fille. Tenez, Fanchon, voyez ce qui sort de la bouche de votre sœur quand elle parle ; ne seriez-vous pas bien aise[1] d'avoir le même don ? Vous n'avez qu'à aller puiser de l'eau à la fontaine, et, quand une pauvre femme vous demandera à boire, lui en donner bien honnêtement*.

40 — Il me ferait beau voir[2], répondit la brutale, aller à la fontaine.

— Je veux que vous y alliez, reprit la mère, et tout à l'heure*.

Elle y alla, mais toujours en grondant. Elle prit le plus beau flacon d'argent qui fût dans le logis. Elle ne fut pas plus tôt* arrivée à la fontaine, qu'elle vit sortir du bois une dame magnifiquement vêtue qui

45 vint lui demander à boire : c'était la même fée qui avait apparu à sa sœur, mais qui avait pris l'air et les habits d'une princesse, pour voir jusqu'où irait la malhonnêteté* de cette fille.

— Est-ce que je suis ici venue, lui dit cette brutale orgueilleuse, pour vous donner à boire ? Justement j'ai apporté un flacon d'argent

50 tout exprès pour donner à boire à madame ! J'en suis d'avis : buvez à même[3] si vous voulez.

— Vous n'êtes guère honnête, reprit la fée sans se mettre en colère. Eh bien ! puisque vous êtes si peu obligeante, je vous donne pour don qu'à chaque parole que vous direz, il vous sortira de la bouche ou un

55 serpent ou un crapaud.

D'abord que[4] sa mère l'aperçut, elle lui cria :

— Eh bien ! ma fille !

— Eh bien ! ma mère ! lui répondit la brutale, en jetant deux vipères et deux crapauds.

---

1. Aise : contente, satisfaite.
2. Il me ferait beau voir : (sur un ton ironique) Je voudrais bien me voir à la fontaine, ou encore : Si vous croyez que je vais aller jusqu'à la fontaine.
3. « J'en suis d'avis : buvez à même » : ironiquement, elle refuse de la laisser utiliser son flacon et l'oblige à boire à même la fontaine, avec ses mains ou autrement.
4. D'abord que : Dès que, aussitôt que.

60   — Ô Ciel ! s'écria la mère, que vois-je là ? C'est sa sœur qui en est
cause : elle me le paiera.

Et aussitôt elle courut pour la battre. La pauvre enfant s'enfuit et
alla se sauver dans la forêt prochaine. Le fils du roi qui revenait de la
chasse la rencontra et, la voyant si belle, lui demanda ce qu'elle faisait
65   là toute seule et ce qu'elle avait à pleurer.

— Hélas, Monsieur, c'est ma mère qui m'a chassée du logis.

Le fils du roi, qui vit sortir de sa bouche cinq ou six perles et autant
de diamants, la pria de lui dire d'où cela lui venait. Elle lui conta toute
son aventure. Le fils du roi en devint amoureux et, considérant qu'un
70   tel don valait mieux que tout ce qu'on pouvait donner en mariage à
une autre, l'emmena au palais du roi son père, où il l'épousa.

Pour sa sœur, elle se fit tant haïr que sa propre mère la chassa de
chez elle ; et la malheureuse, après avoir bien couru sans trouver personne qui voulût la recevoir, alla mourir au coin d'un bois.

75   MORALITÉ
Les diamants et les pistoles[1]
Peuvent beaucoup sur les Esprits ;
Cependant les douces paroles
Ont encore plus de force, et sont d'un plus grand prix.

80   AUTRE MORALITÉ
L'honnêteté coûte des soins*,
Et veut un peu de complaisance,
Mais tôt ou tard elle a sa récompense,
Et souvent dans le temps qu'on y pense le moins.

---

1. Pistoles : pièces d'or d'origine espagnole.

ILLUSTRATION D'EVA FRANTOVÁ.

Cendrillon ou la Petite Pantoufle de verre

Il était une fois un gentilhomme qui épousa en secondes noces une femme, la plus hautaine et la plus fière qu'on eût jamais vue. Elle avait deux filles de son humeur, et qui lui ressemblaient en toutes choses. Le mari avait de son côté une jeune fille, mais d'une douceur et d'une
5 bonté sans exemple; elle tenait cela de sa mère, qui était la meilleure personne du monde. Les noces ne furent pas plus tôt* faites que la belle-mère fit éclater sa mauvaise humeur; elle ne put souffrir les bonnes qualités de cette jeune enfant, qui rendaient ses filles encore plus haïssables. Elle la chargea des plus viles occupations de la
10 maison: c'était elle qui nettoyait la vaisselle et les montées[1], qui frottait la chambre de madame et celles de mesdemoiselles ses filles. Elle couchait tout au haut de la maison, dans un grenier, sur une méchante paillasse, pendant que ses sœurs étaient dans des chambres parquetées, où elles avaient des lits des plus à la mode, et des miroirs
15 où elles se voyaient depuis les pieds jusqu'à la tête[2]. La pauvre fille souffrait tout avec patience, et n'osait s'en plaindre à son père qui l'aurait grondée, parce que sa femme le gouvernait entièrement. Lorsqu'elle avait fait son ouvrage, elle s'allait mettre au coin de la cheminée, et s'asseoir dans les cendres, ce qui faisait qu'on l'appelait
20 communément dans le logis Cucendron[3]. La cadette, qui n'était pas si malhonnête* que son aînée, l'appelait Cendrillon; cependant Cendrillon, avec ses méchants habits, ne laissait pas* d'être cent fois plus belle que ses sœurs, quoique vêtues très magnifiquement.

Il arriva que le fils du roi donna un bal, et qu'il en pria* toutes les
25 personnes de qualité*: nos deux demoiselles en furent aussi priées, car elles faisaient grande figure dans le pays. Les voilà bien aises* et bien occupées à choisir les habits et les coiffures qui leur siéraient le

---

1. Montées: escaliers.
2. Voir la note 3, à la page 48.
3. Dans certaines éditions, on lit « Culcendron », ce qui rend l'allusion d'autant plus claire.

mieux ; nouvelle peine pour Cendrillon, car c'était elle qui repassait le linge de ses sœurs et qui godronnait leurs manchettes[1]. On ne parlait
30 que de la manière dont on s'habillerait.

— Moi, dit l'aînée, je mettrai mon habit de velours rouge et ma garniture d'Angleterre[2].

— Moi, dit la cadette, je n'aurai que ma jupe ordinaire ; mais en récompense[3], je mettrai mon manteau à fleurs d'or et ma barrière de
35 diamants, qui n'est pas des plus indifférentes[4].

On envoya quérir la bonne coiffeuse, pour dresser les cornettes à deux rangs[5], et on fit acheter des mouches[6] de la bonne faiseuse : elles appelèrent Cendrillon pour lui demander son avis, car elle avait le goût bon. Cendrillon les conseilla le mieux du monde, et s'offrit
40 même à les coiffer ; ce qu'elles voulurent bien. En les coiffant[7], elles lui disaient :

— Cendrillon, serais-tu bien aise* d'aller au bal ?

— Hélas, mesdemoiselles, vous vous moquez de moi, ce n'est pas là ce qu'il me faut.

45 — Tu as raison, on rirait bien si on voyait un Cucendron aller au bal.

Une autre que Cendrillon les aurait coiffées de travers ; mais elle était bonne, et elle les coiffa parfaitement bien. Elles furent près de deux jours sans manger, tant elles étaient transportées de joie. On
50 rompit plus de douze lacets à force de les serrer pour leur rendre la taille plus menue[8], et elles étaient toujours devant leur miroir.

Enfin l'heureux jour arriva, on partit, et Cendrillon les suivit des yeux le plus longtemps qu'elle put ; lorsqu'elle ne les vit plus, elle se

---

1. Godronnait leurs manchettes : repassait les dentelles qui ornaient l'extrémité des manches de leurs robes.
2. Garniture d'Angleterre : dentelle d'or ou d'argent à la mode anglaise.
3. En récompense : en revanche, en contrepartie.
4. Qui n'est pas des plus indifférentes : qui ne laisse personne indifférent.
5. Cornettes à deux rangs : façon très complexe de coiffer les cheveux en y insérant une coiffe.
6. Mouches : petites pièces de tissu imitant un grain de beauté, collées au visage en guise de parure.
7. En les coiffant : Tandis qu'elle les coiffait.
8. Les femmes portaient des corsets lacés très serré afin de paraître avoir une taille très fine.

mit à pleurer. Sa marraine, qui la vit toute en pleurs, lui demanda ce
55 qu'elle avait :

— Je voudrais bien… je voudrais bien…

Elle pleurait si fort qu'elle ne put achever. Sa marraine, qui était
fée, lui dit :

— Tu voudrais bien aller au bal, n'est-ce pas ?
60 — Hélas oui ! dit Cendrillon en soupirant.

— Eh bien ! seras-tu bonne fille ? dit sa marraine, je t'y ferai aller.

Elle la mena dans sa chambre, et lui dit :

— Va dans le jardin et apporte-moi une citrouille.

Cendrillon alla aussitôt cueillir la plus belle qu'elle put trouver, et la
65 porta à sa marraine, ne pouvant deviner comment cette citrouille
la pourrait faire aller au bal. Sa marraine la creusa, et n'ayant laissé
que l'écorce, la frappa de sa baguette, et la citrouille fut aussitôt
changée en un beau carrosse tout doré. Ensuite elle alla regarder dans
sa souricière, où elle trouva six souris toutes en vie ; elle dit à
70 Cendrillon de lever un peu la trappe de la souricière, et à chaque
souris qui sortait, elle lui donnait un coup de sa baguette, et la souris
était aussitôt changée en un beau cheval ; ce qui fit un bel attelage de
six chevaux, d'un beau gris de souris pommelé. Comme elle était en
peine de quoi elle ferait un cocher :
75 — Je vais voir, dit Cendrillon, s'il n'y a pas quelque rat dans la
ratière, nous en ferons un cocher.

— Tu as raison, dit sa marraine, va voir.

Cendrillon lui apporta la ratière, où il y avait trois gros rats. La fée
en prit un d'entre les trois, à cause de sa maîtresse barbe, et l'ayant
80 touché, il fut changé en un gros cocher, qui avait une des plus belles
moustaches qu'on ait jamais vues. Ensuite elle lui dit :

— Va dans le jardin, tu y trouveras six lézards derrière l'arrosoir,
apporte-les-moi.

Elle ne les eut pas plus tôt* apportés que sa marraine les changea en
85 six laquais, qui montèrent aussitôt derrière le carrosse avec leurs
habits chamarrés, et qui s'y tenaient attachés, comme s'ils n'eussent
fait autre chose de toute leur vie. La fée dit alors à Cendrillon :

— Eh bien ! voilà de quoi aller au bal : n'es-tu pas bien aise ?

— Oui, mais est-ce que j'irai comme cela avec mes vilains habits ?

90   Sa marraine ne fit que la toucher avec sa baguette, et en même temps ses habits furent changés en des habits de drap d'or et d'argent tout chamarrés de pierreries ; elle lui donna ensuite une paire de pantoufles de verre, les plus jolies du monde. Quand elle fut ainsi parée, elle monta en carrosse ; mais sa marraine lui recommanda sur toutes
95   choses de ne pas passer minuit, l'avertissant que si elle demeurait au bal un moment davantage, son carrosse redeviendrait citrouille, ses chevaux des souris, ses laquais des lézards, et que ses beaux habits reprendraient leur première forme. Elle promit à sa marraine qu'elle ne manquerait pas de sortir du bal avant minuit. Elle part, ne se sen-
100 tant pas* de joie. Le fils du roi, qu'on alla avertir qu'il venait d'arriver une grande princesse qu'on ne connaissait point, courut la recevoir ; il lui donna la main à la descente du carrosse, et la mena dans la salle où était la compagnie*. Il se fit alors un grand silence ; on cessa de danser, et les violons ne jouèrent plus, tant on était attentif à contem-
105 pler les grandes beautés de cette inconnue. On n'entendait qu'un bruit confus :
      — Ah, qu'elle est belle !
      Le roi même, tout vieux qu'il était, ne laissait pas de* la regarder, et de dire tout bas à la reine qu'il y avait longtemps qu'il n'avait vu une
110 si belle et si aimable personne. Toutes les dames étaient attentives à considérer sa coiffure et ses habits, pour en avoir, dès le lendemain, de semblables, pourvu qu'il se trouvât des étoffes assez belles, et des ouvriers assez habiles. Le fils du roi la mit à la place la plus honorable, et ensuite la prit pour la mener danser. Elle dansa avec tant de grâce
115 qu'on l'admira encore davantage. On apporta une fort belle collation, dont le jeune prince ne mangea point, tant il était occupé à la considérer. Elle alla s'asseoir auprès de ses sœurs et leur fit mille honnêtetés*: elle leur fit part[1] des oranges et des citrons que le prince lui avait donnés, ce qui les étonna fort, car elles ne la connaissaient point.
120 Lorsqu'elles causaient ainsi, Cendrillon entendit sonner onze heures trois quarts : elle fit aussitôt une grande révérence à la compagnie, et s'en alla le plus vite qu'elle put.

---

1. Elle leur fit part : elle leur donna une part des oranges et des citrons, qui étaient un luxe rare.

Dès qu'elle fut arrivée, elle alla trouver sa marraine, et après l'avoir remerciée, elle lui dit qu'elle souhaiterait bien aller encore le lende-
125 main au bal, parce que le fils du roi l'en avait priée*. Comme elle était occupée à raconter à sa marraine tout ce qui s'était passé au bal, les deux sœurs heurtèrent à la porte ; Cendrillon leur alla ouvrir :

— Que vous êtes longtemps à revenir ! leur dit-elle en bâillant, en se frottant les yeux, et en s'étendant[1] comme si elle n'eût fait que de[2] se
130 réveiller ; elle n'avait cependant pas eu envie de dormir depuis qu'elles s'étaient quittées.

— Si tu étais venue au bal, lui dit une de ses sœurs, tu ne t'y serais pas ennuyée : il est venu la plus belle princesse, la plus belle qu'on puisse jamais voir ; elle nous a fait mille civilités, elle nous a donné des
135 oranges et des citrons.

Cendrillon ne se sentait pas de joie : elle leur demanda le nom de cette princesse ; mais elles lui répondirent qu'on ne la connaissait pas, que le fils du roi en était fort en peine, et qu'il donnerait toutes choses au monde pour savoir qui elle était. Cendrillon sourit et leur dit :
140 — Elle était donc bien belle ? Mon Dieu, que vous êtes heureuses, ne pourrais-je point la voir ? Hélas ! mademoiselle Javotte, prêtez-moi votre habit jaune que vous mettez tous les jours.

— Vraiment, dit mademoiselle Javotte, je suis de cet avis ! Prêter son habit à un vilain Cucendron comme cela : il faudrait que je fusse
145 bien folle.

Cendrillon s'attendait bien à ce refus, et elle en fut bien aise*, car elle aurait été grandement embarrassée si sa sœur eût bien voulu lui prêter son habit.

Le lendemain les deux sœurs furent au bal, et Cendrillon aussi,
150 mais encore plus parée que la première fois. Le fils du roi fut toujours auprès d'elle, et ne cessa de lui conter des douceurs ; la jeune demoi-selle ne s'ennuyait point, et oublia ce que sa marraine lui avait recom-mandé, de sorte qu'elle entendit sonner le premier coup de minuit, lorsqu'elle ne croyait point qu'il fût encore onze heures : elle se leva et
155 s'enfuit aussi légèrement qu'aurait fait une biche. Le prince la suivit, mais il ne put l'attraper ; elle laissa tomber une de ses pantoufles de

---

1. S'étendant : s'étirant.
2. Comme si elle n'eût fait que de : comme si elle venait de.

verre, que le prince ramassa bien soigneusement. Cendrillon arriva chez elle bien essoufflée, sans carrosse, sans laquais, et avec ses méchants habits, rien ne lui étant resté de sa magnificence qu'une de 160 ses petites pantoufles, la pareille de celle qu'elle avait laissé tomber.

On demanda aux gardes de la porte du palais s'ils n'avaient point vu sortir une princesse ; ils dirent qu'ils n'avaient vu sortir personne, qu'une jeune fille fort mal vêtue, et qui avait plus l'air d'une paysanne que d'une demoiselle. Quand ses deux sœurs revinrent du bal, 165 Cendrillon leur demanda si elles s'étaient encore bien diverties, et si la belle dame y avait été. Elles lui dirent que oui, mais qu'elle s'était enfuie lorsque minuit avait sonné, et si promptement qu'elle avait laissé tomber une de ses petites pantoufles de verre, la plus jolie du monde ; que le fils du roi l'avait ramassée, et qu'il n'avait fait que la regarder 170 pendant tout le reste du bal, et qu'assurément il était fort amoureux de la belle personne à qui appartenait la petite pantoufle.

Elles dirent vrai, car peu de jours après, le fils du roi fit publier à son de trompe [1] qu'il épouserait celle dont le pied serait bien juste à la pantoufle. On commença à l'essayer aux princesses, ensuite aux 175 duchesses, et à toute la cour, mais inutilement. On l'apporta chez les deux sœurs, qui firent tout leur possible pour faire entrer leur pied dans la pantoufle, mais elles ne purent en venir à bout. Cendrillon qui les regardait, et qui reconnut sa pantoufle, dit en riant :

— Que je voie si elle ne me serait pas bonne !

180 Ses sœurs se mirent à rire et à se moquer d'elle. Le gentilhomme qui faisait l'essai de la pantoufle, ayant regardé attentivement Cendrillon, et la trouvant fort belle, dit que cela était juste, et qu'il avait ordre de l'essayer à toutes les filles. Il fit asseoir Cendrillon, et approchant la pantoufle de son petit pied, il vit qu'elle y entrait sans 185 peine, et qu'elle y était juste comme de cire [2]. L'étonnement des deux sœurs fut grand, mais plus grand encore quand Cendrillon tira de sa poche l'autre petite pantoufle qu'elle mit à son pied. Là-dessus arriva la marraine qui, ayant donné un coup de baguette sur les habits de Cendrillon, les fit devenir encore plus magnifiques que tous les autres.

---

1. Fit publier à son de trompe : fit annoncer publiquement la nouvelle par un crieur après avoir fait sonner de la trompette.
2. Juste comme de cire : comme si la pantoufle avait été moulée sur son pied.

190   Alors ses deux sœurs la reconnurent pour la belle personne qu'elles avaient vue au bal. Elles se jetèrent à ses pieds pour lui demander pardon de tous les mauvais traitements qu'elles lui avaient fait souffrir. Cendrillon les releva et leur dit, en les embrassant*, qu'elle leur pardonnait de bon cœur, et qu'elle les priait de l'aimer bien toujours. On

195 la mena chez le jeune prince, parée comme elle était : il la trouva encore plus belle que jamais, et peu de jours après il l'épousa. Cendrillon, qui était aussi bonne que belle, fit loger ses deux sœurs au palais, et les maria dès le jour même à deux grands seigneurs de la cour.

MORALITÉ

200 La beauté, pour le sexe*, est un rare trésor,
      De l'admirer jamais on ne se lasse ;
      Mais ce qu'on nomme bonne grâce
      Est sans prix, et vaut mieux encore.

C'est ce qu'à Cendrillon fit avoir sa marraine,
205   En la dressant, en l'instruisant,
      Tant et si bien qu'elle en fit une reine.
      (Car ainsi sur ce conte on va moralisant.)

Belles, ce don vaut mieux que d'être bien coiffées,
Pour engager un cœur, pour en venir à bout,
210   La bonne grâce est le vrai don des fées ;
Sans elle on ne peut rien, avec elle on peut tout.

AUTRE MORALITÉ

      C'est sans doute un grand avantage,
      D'avoir de l'esprit, du courage,
215   De la naissance, du bon sens,
      Et d'autres semblables talents,
      Qu'on reçoit du Ciel en partage ;
      Mais vous aurez beau les avoir,
Pour votre avancement ce seront choses vaines,
220   Si vous n'avez, pour les faire valoir,
      Ou des parrains ou des marraines.

RIQUET À LA HOUPPE

Il était une fois une reine qui accoucha d'un fils si laid et si mal fait qu'on douta longtemps s'il avait forme humaine. Une fée qui se trouva à sa naissance assura qu'il ne laisserait pas* d'être aimable, parce qu'il aurait beaucoup d'esprit; elle ajouta même qu'il pourrait,
5 en vertu du don qu'elle venait de lui faire, donner autant d'esprit qu'il en aurait à celle qu'il aimerait le mieux. Tout cela consola un peu la pauvre reine, qui était bien affligée d'avoir mis au monde un si vilain marmot. Il est vrai que cet enfant ne commença pas plus tôt* à parler qu'il dit mille jolies choses, et qu'il avait dans toutes ses actions je ne
10 sais quoi de si spirituel qu'on en était charmé. J'oubliais de dire qu'il vint au monde avec une petite houppe de cheveux sur la tête, ce qui fit qu'on le nomma Riquet à la houppe, car Riquet était le nom de la famille.

Au bout de sept ou huit ans, la reine d'un royaume voisin accoucha
15 de deux filles. La première qui vint au monde était plus belle que le jour: la reine en fut si aise* qu'on appréhenda que la trop grande joie qu'elle en avait ne lui fît mal. La même fée qui avait assisté à la naissance du petit Riquet à la houppe était présente, et pour modérer la joie de la reine, elle lui déclara que cette petite princesse n'aurait point
20 d'esprit, et qu'elle serait aussi stupide qu'elle était belle. Cela mortifia beaucoup la reine; mais elle eut, quelques moments après, un bien plus grand chagrin, car la seconde fille dont elle accoucha se trouva extrêmement laide.

— Ne vous affligez point tant, Madame, lui dit la fée; votre fille
25 sera récompensée d'ailleurs[1], et elle aura tant d'esprit qu'on ne s'apercevra presque pas qu'il lui manque de la beauté.

— Dieu le veuille, répondit la reine; mais n'y aurait-il point moyen de faire avoir un peu d'esprit à l'aînée qui est si belle?

---

1. Sera récompensée d'ailleurs: aura en contrepartie un autre don, un autre talent.

— Je ne puis rien pour elle, Madame, du côté de l'esprit, lui dit la
30 fée, mais je puis tout du côté de la beauté; et comme il n'y a rien que
je ne veuille faire pour votre satisfaction, je vais lui donner pour don
de pouvoir rendre beau qui lui plaira.

À mesure que ces deux princesses devinrent grandes, leurs perfections crûrent aussi avec elles, et on ne parlait partout que de la beauté
35 de l'aînée et de l'esprit de la cadette. Il est vrai aussi que leurs défauts
augmentèrent beaucoup avec l'âge. La cadette enlaidissait à vue d'œil,
et l'aînée devenait plus stupide de jour en jour. Ou elle ne répondait
rien à ce qu'on lui demandait, ou elle disait une sottise. Elle était avec
cela si maladroite qu'elle n'eût pu ranger quatre porcelaines sur le
40 bord d'une cheminée sans en casser une, ni boire un verre d'eau sans
en répandre la moitié sur ses habits. Quoique la beauté soit un grand
avantage chez une jeune femme, cependant* la cadette l'emportait
presque toujours sur son aînée dans toutes les compagnies*. D'abord
on allait du côté de la plus belle pour la voir et pour l'admirer, mais
45 bientôt après, on allait à celle qui avait le plus d'esprit, pour lui
entendre dire mille choses agréables; et on était étonné qu'en moins
d'un quart d'heure l'aînée n'avait plus personne auprès d'elle, et que
tout le monde s'était rangé autour de la cadette. L'aînée, quoique fort
stupide, le remarqua bien, et elle eût donné sans regret toute sa beauté
50 pour avoir la moitié de l'esprit de sa sœur. La reine, toute sage qu'elle
était, ne put s'empêcher de lui reprocher plusieurs fois sa bêtise, ce qui
pensa* faire mourir de douleur cette pauvre princesse.

Un jour qu'elle s'était retirée dans un bois pour y plaindre son
malheur, elle vit venir à elle un petit homme fort laid et fort dés-
55 agréable, mais vêtu très magnifiquement. C'était le jeune prince
Riquet à la houppe qui, étant devenu amoureux d'elle sur[1] ses portraits qui couraient par tout le monde, avait quitté le royaume de son
père pour avoir le plaisir de la voir et de lui parler. Ravi de la rencontrer ainsi toute seule, il l'aborde avec tout le respect et toute la

---

1. Sur: d'après.

60 politesse imaginables. Ayant remarqué, après lui avoir fait les compliments ordinaires, qu'elle était fort mélancolique, il lui dit :

— Je ne comprends point, Madame, comment une personne aussi belle que vous l'êtes peut être aussi triste que vous le paraissez ; car, quoique je puisse me vanter d'avoir vu une infinité de belles per-
65 sonnes, je puis dire que je n'en ai jamais vu dont la beauté approche de la vôtre.

— Cela vous plaît à dire, Monsieur, lui répondit la princesse, et en demeure là[1].

— La beauté, reprit Riquet à la houppe, est un si grand avantage
70 qu'il doit tenir lieu de tout le reste ; et quand on le possède, je ne vois pas qu'il y ait rien qui puisse nous affliger beaucoup.

— J'aimerais mieux, dit la princesse, être aussi laide que vous et avoir de l'esprit, que d'avoir de la beauté comme j'en ai, et être bête autant que je le suis.

75 — Il n'y a rien, Madame, qui marque davantage qu'on a de l'esprit, que de croire n'en pas avoir, et il est de la nature de ce bien-là, que plus on en a, plus on croit en manquer.

— Je ne sais pas cela, dit la princesse, mais je sais bien que je suis fort bête, et c'est de là que vient le chagrin qui me tue.

80 — Si ce n'est que cela, Madame, qui vous afflige, je puis aisément mettre fin à votre douleur.

— Et comment ferez-vous ? dit la princesse.

— J'ai le pouvoir, Madame, dit Riquet à la houppe, de donner de l'esprit autant qu'on en saurait avoir à celle que je dois aimer le plus ;
85 et comme vous êtes, Madame, cette personne, il ne tiendra qu'à vous que vous n'ayez autant d'esprit qu'on en peut avoir, pourvu que vous vouliez bien m'épouser.

La princesse demeura toute interdite, et ne répondit rien.

— Je vois, reprit Riquet à la houppe, que cette proposition vous
90 fait de la peine[2], et je ne m'en étonne pas ; mais je vous donne un an tout entier pour vous y résoudre.

---

1. Et en demeure là : sans rien ajouter.
2. Vous fait de la peine : vous met dans l'embarras, vous cause de l'inquiétude (et non de la peine au sens de tristesse).

La princesse avait si peu d'esprit, et en même temps une si grande envie d'en avoir, qu'elle s'imagina que la fin de cette année ne viendrait jamais ; de sorte qu'elle accepta la proposition qui lui était faite. Elle

95 n'eut pas plus tôt* promis à Riquet à la houppe qu'elle l'épouserait dans un an à pareil jour, qu'elle se sentit tout autre qu'elle n'était auparavant ; elle se trouva une facilité incroyable à dire tout ce qui lui plaisait, et à le dire d'une manière fine, aisée et naturelle. Elle commença dès ce moment une conversation galante* et soutenue avec Riquet à la

100 houppe, où elle brilla d'une telle force que Riquet à la houppe crut lui avoir donné plus d'esprit qu'il ne s'en était réservé pour lui-même.

Quand elle fut retournée au palais, toute la cour ne savait que penser d'un changement si subit et si extraordinaire, car autant qu'on lui avait ouï* dire d'impertinences auparavant, autant lui entendait-

105 on dire des choses bien sensées et infiniment spirituelles. Toute la cour en eut une joie qui ne se peut imaginer ; il n'y eut que sa cadette qui n'en fut pas bien aise*, parce que n'ayant plus sur son aînée l'avantage de l'esprit, elle ne paraissait plus auprès d'elle qu'une guenon fort désagréable. Le roi se conduisait par ses avis, et allait même quelque-

110 fois tenir le conseil dans son appartement.

Le bruit de ce changement s'étant répandu, tous les jeunes princes des royaumes voisins firent leurs efforts pour s'en faire aimer, et presque tous la demandèrent en mariage ; mais elle n'en trouvait point qui eût assez d'esprit, et elle les écoutait tous sans s'engager à

115 pas un d'eux. Cependant il en vint un si puissant, si riche, si spirituel et si bien fait, qu'elle ne put s'empêcher d'avoir de la bonne volonté pour lui[1]. Son père, s'en étant aperçu, lui dit qu'il la faisait la maîtresse sur le choix d'un époux, et qu'elle n'avait qu'à se déclarer. Comme plus on a d'esprit et plus on a de peine à prendre une ferme

120 résolution sur cette affaire, elle demanda, après avoir remercié son père, qu'il lui donnât du temps pour y penser.

Elle alla par hasard se promener dans le même bois où elle avait trouvé Riquet à la houppe, pour rêver plus commodément à ce qu'elle avait à faire. Dans le temps qu'elle se promenait, rêvant profondé-

125 ment, elle entendit un bruit sourd sous ses pieds, comme de plusieurs

---

1. Avoir de la bonne volonté pour lui : avoir un penchant, éprouver une attirance pour lui.

gens qui vont et viennent et qui agissent. Ayant prêté l'oreille plus attentivement, elle ouït* que l'un disait :

— Apporte-moi cette marmite.

L'autre :

130 — Donne-moi cette chaudière[1].

L'autre :

— Mets du bois dans ce feu.

La terre s'ouvrit dans le même temps, et elle vit sous ses pieds comme une grande cuisine pleine de cuisiniers, de marmitons* et de 135 toutes sortes d'officiers nécessaires pour faire un festin magnifique. Il en sortit une bande de vingt ou trente rôtisseurs, qui allèrent se camper dans une allée du bois autour d'une table fort longue, et qui tous, la lardoire[2] à la main, et la queue-de-renard[3] sur l'oreille, se mirent à travailler en cadence au son d'une chanson harmonieuse. La princesse, 140 étonnée de ce spectacle, leur demanda pour qui ils travaillaient.

— C'est, Madame, lui répondit le plus apparent de la bande, pour le prince Riquet à la houppe, dont les noces se feront demain.

La princesse, encore plus surprise qu'elle ne l'avait été, et se ressouvenant tout à coup qu'il y avait un an qu'à pareil jour elle avait promis 145 d'épouser le prince Riquet à la houppe, pensa* tomber de son haut. Ce qui faisait qu'elle ne s'en souvenait pas, c'est que, quand elle fit cette promesse, elle était bête, et qu'en prenant le nouvel esprit que le prince lui avait donné, elle avait oublié toutes ses sottises. Elle n'eut pas fait trente pas en continuant sa promenade que Riquet à la 150 houppe se présenta à elle, brave*, magnifique, et comme un prince qui va se marier.

— Vous me voyez, dit-il, Madame, exact à tenir ma parole, et je ne doute point que vous ne veniez ici pour exécuter la vôtre, et me rendre, en me donnant la main[4], le plus heureux de tous les hommes.

---

1. Chaudière : chaudron ou bouilloire.
2. Lardoire : sorte de brochette servant à introduire des lardons dans une pièce de viande.
3. Queue-de-renard : peut-être la toque des cuisiniers, dont un côté pend parfois sur l'oreille, ou encore un instrument de cuisine.
4. En me donnant la main : en m'épousant.

155   — Je vous avouerai franchement, répondit la princesse, que je n'ai pas encore pris ma résolution là-dessus, et que je ne crois pas pouvoir jamais la prendre telle que vous la souhaitez.

    — Vous m'étonnez, Madame, lui dit Riquet à la houppe.

    — Je le crois, dit la princesse, et assurément, si j'avais affaire à un
160 brutal, à un homme sans esprit, je me trouverais bien embarrassée. Une princesse n'a que sa parole, me dirait-il, et il faut que vous m'épousiez, puisque vous me l'avez promis ; mais comme celui à qui je parle est l'homme du monde qui a le plus d'esprit, je suis sûre qu'il entendra raison. Vous savez que, quand je n'étais qu'une bête, je ne
165 pouvais néanmoins me résoudre à vous épouser ; comment voulez-vous qu'ayant l'esprit que vous m'avez donné, qui me rend encore plus difficile en[1] gens que je n'étais, je prenne aujourd'hui une réso-lution que je n'ai pu prendre dans ce temps-là ? Si vous pensiez tout de bon à m'épouser, vous avez eu grand tort de m'ôter ma bêtise, et de
170 me faire voir plus clair que je ne voyais.

    — Si un homme sans esprit, répondit Riquet à la houppe, serait bien reçu, comme vous venez de le dire, à vous reprocher[2], votre manque de parole, pourquoi voulez-vous, Madame, que je n'en use pas de même, dans une chose où il y va de tout le bonheur de ma vie ?
175 Est-il raisonnable que les personnes qui ont de l'esprit soient d'une pire condition que celles qui n'en ont pas ? Le pouvez-vous prétendre, vous qui en avez tant, et qui avez tant souhaité d'en avoir ? Mais venons au fait, s'il vous plaît : à la réserve de[3] ma laideur, y a-t-il quelque chose en moi qui vous déplaise ? Êtes-vous mal contente de
180 ma naissance, de mon esprit, de mon humeur[4], et de mes manières ?

    — Nullement, répondit la princesse, j'aime en vous tout ce que vous venez de me dire.

---

1. En : envers les.
2. Serait bien reçu [...] à vous reprocher : aurait raison de vous reprocher.
3. À la réserve de : outre, à part.
4. Humeur : signifie à la fois la bonne humeur (tempérament) et la bonne santé, en vertu de la médecine du temps, fondée sur la théorie de l'équilibre des humeurs.

— Si cela est ainsi, reprit Riquet à la houppe, je vais être heureux, puisque vous pouvez me rendre le plus aimable de tous les hommes.

185 — Comment cela se peut-il faire ? lui dit la princesse.

— Cela se fera, répondit Riquet à la houppe, si vous m'aimez assez pour souhaiter que cela soit ; et afin, Madame, que vous n'en doutiez pas, sachez que la même fée qui au jour de ma naissance me fit le don de pouvoir rendre spirituelle la personne qu'il me plairait, vous a 190 aussi fait le don de pouvoir rendre beau celui que vous aimerez, et à qui vous voudrez bien faire cette faveur.

— Si la chose est ainsi, dit la princesse, je souhaite de tout mon cœur que vous deveniez le prince du monde le plus beau et le plus aimable ; et je vous en fais le don autant qu'il est en moi.

195 La princesse n'eut pas plus tôt* prononcé ces paroles que Riquet à la houppe parut à ses yeux l'homme du monde le plus beau, le mieux fait, et le plus aimable qu'elle eût jamais vu.

Quelques-uns assurent que ce ne furent point les charmes de la fée qui opérèrent, mais que l'amour seul fit cette métamorphose. Ils 200 disent que la princesse ayant fait réflexion sur la persévérance de son amant, sur sa discrétion[1], et sur toutes les bonnes qualités de son âme et de son esprit, ne vit plus la difformité de son corps, ni la laideur de son visage, que sa bosse ne lui sembla plus que le bon air d'un homme qui fait le gros dos, et qu'au lieu que jusqu'alors elle l'avait vu boiter 205 effroyablement, elle ne lui trouva plus qu'un certain air penché qui la charmait ; ils disent encore que ses yeux, qui étaient louches, ne lui en parurent que plus brillants, que leur dérèglement passa dans son esprit pour la marque d'un violent excès d'amour, et qu'enfin son gros nez rouge eut pour elle quelque chose de martial et d'héroïque.

210 Quoi qu'il en soit, la princesse lui promit sur-le-champ de l'épouser, pourvu qu'il en obtint le consentement du roi son père. Le roi ayant su que sa fille avait beaucoup d'estime pour Riquet à la houppe, qu'il connaissait d'ailleurs pour un prince très spirituel et très sage, le reçut avec plaisir pour son gendre. Dès le lendemain les 215 noces furent faites, ainsi que Riquet à la houppe l'avait prévu, et selon les ordres qu'il en avait donnés longtemps auparavant.

---

1. Discrétion : jugement, discernement.

MORALITÉ

Ce que l'on voit dans cet écrit
Est moins un conte en l'air que la vérité même ;
220   Tout est beau dans ce que l'on aime,
    Tout ce qu'on aime a de l'esprit.

AUTRE MORALITÉ

Dans un objet où la Nature
Aura mis de beaux traits, et la vive peinture
225 D'un teint où jamais l'Art ne saurait arriver,
Tous ces dons pourront moins pour rendre un cœur sensible
    Qu'un seul agrément invisible
    Que l'Amour y fera trouver.

LE PETIT POUCET

Il était une fois un bûcheron et une bûcheronne qui avaient sept enfants tous garçons. L'aîné n'avait que dix ans, et le plus jeune n'en avait que sept. On s'étonnera que le bûcheron ait eu tant d'enfants en si peu de temps ; mais c'est que sa femme allait vite en besogne, et n'en
5 faisait pas moins que deux à la fois. Ils étaient fort pauvres, et leurs sept enfants les incommodaient beaucoup, parce qu'aucun d'eux ne pouvait encore gagner sa vie. Ce qui les chagrinait encore, c'est que le plus jeune était fort délicat et ne disait mot : prenant pour bêtise ce qui était une marque de la bonté de son esprit. Il était fort petit, et
10 quand il vint au monde, il n'était guère plus gros que le pouce, ce qui fit que l'on l'appela le petit Poucet. Ce pauvre enfant était le souffre-douleur de la maison, et on lui donnait toujours le tort. Cependant il était le plus fin, et le plus avisé de tous ses frères, et s'il parlait peu, il écoutait beaucoup.
15 Il vint une année très fâcheuse, et la famine fut si grande que ces pauvres gens résolurent de se défaire de leurs enfants. Un soir que ces enfants étaient couchés, et que le bûcheron était auprès du feu avec sa femme, il lui dit, le cœur serré de douleur :

— Tu vois bien que nous ne pouvons plus nourrir nos enfants ; je
20 ne saurais les voir mourir de faim devant mes yeux, et je suis résolu de les mener perdre demain au bois, ce qui sera bien aisé, car, tandis qu'ils s'amuseront à fagoter*, nous n'avons qu'à nous enfuir sans qu'ils nous voient.

— Ah ! s'écria la bûcheronne, pourrais-tu bien toi-même mener
25 perdre tes enfants ?

Son mari avait beau lui représenter* leur grande pauvreté, elle ne pouvait y consentir ; elle était pauvre, mais elle était leur mère. Cependant ayant considéré quelle douleur ce lui serait de les voir mourir de faim, elle y consentit, et alla se coucher en pleurant. Le
30 petit Poucet ouït* tout ce qu'ils dirent, car ayant entendu de dedans son lit qu'ils parlaient d'affaires, il s'était levé doucement, et s'était

glissé sous l'escabelle[1] de son père pour les écouter sans être vu. Il alla se recoucher et ne dormit point du reste de la nuit, songeant à ce qu'il avait à faire. Il se leva de bon matin, et alla au bord d'un ruis-
35 seau où il emplit ses poches de petits cailloux blancs, et ensuite revint à la maison.

On partit, et le petit Poucet ne découvrit rien de tout ce qu'il savait à ses frères. Ils allèrent dans une forêt fort épaisse, où à dix pas de distance on ne se voyait pas l'un l'autre. Le bûcheron se mit à couper du
40 bois et ses enfants à ramasser les broutilles pour faire des fagots. Le père et la mère, les voyant occupés à travailler, s'éloignèrent d'eux insensiblement, et puis s'enfuirent tout à coup par un petit sentier détourné. Lorsque ces enfants se virent seuls, ils se mirent à crier et à pleurer de toute leur force. Le petit Poucet les laissait crier, sachant
45 bien par où il reviendrait à la maison; car en marchant il avait laissé tomber le long du chemin les petits cailloux blancs qu'il avait dans ses poches. Il leur dit donc:

— Ne craignez point, mes frères; mon père et ma mère nous ont laissés ici, mais je vous remènerai bien au logis, suivez-moi seulement.
50 Ils le suivirent, et il les mena jusqu'à leur maison par le même chemin qu'ils étaient venus dans la forêt. Ils n'osèrent d'abord entrer, mais ils se mirent tous contre la porte pour écouter ce que disaient leur père et leur mère.

Dans le moment que le bûcheron et la bûcheronne arrivèrent chez
55 eux, le seigneur du village leur envoya dix écus* qu'il leur devait il y avait longtemps, et dont ils n'espéraient plus rien. Cela leur redonna la vie, car les pauvres gens mouraient de faim. Le bûcheron envoya sur l'heure sa femme à la boucherie. Comme il y avait longtemps qu'elle n'avait mangé, elle acheta trois fois plus de viande qu'il n'en fallait
60 pour le souper de deux personnes. Lorsqu'ils furent rassasiés, la bûcheronne dit:

— Hélas! où sont maintenant nos pauvres enfants? Ils feraient bonne chère de ce qui nous reste là. Mais aussi, Guillaume, c'est toi qui les as voulu perdre. J'avais bien dit que nous nous en repentirions.

---

1. Escabelle: tabouret à trois ou quatre pieds.

65 Que font-ils maintenant dans cette forêt? Hélas! mon Dieu, les loups
les ont peut-être déjà mangés! Tu es bien inhumain d'avoir perdu
ainsi tes enfants!

Le bûcheron s'impatienta à la fin, car elle redit plus de vingt fois
qu'ils s'en repentiraient, et qu'elle l'avait bien dit. Il la menaça de la
70 battre si elle ne se taisait. Ce n'est pas que le bûcheron ne fût peut-être
encore plus fâché* que sa femme, mais c'est qu'elle lui rompait la tête,
et qu'il était de l'humeur de beaucoup d'autres gens, qui aiment fort
les femmes qui disent bien, mais qui trouvent très importunes celles
qui ont toujours bien dit. La bûcheronne était tout en pleurs:

75 — Hélas! où sont maintenant mes enfants, mes pauvres enfants?

Elle le dit une fois si haut que les enfants, qui étaient à la porte,
l'ayant entendue, se mirent à crier tous ensemble:

— Nous voilà, nous voilà!

Elle courut vite leur ouvrir la porte, et leur dit en les embrassant:

80 — Que je suis aise* de vous revoir, mes chers enfants! Vous êtes
bien las, et vous avez bien faim; et toi Pierrot, comme te voilà crotté,
viens que je te débarbouille.

Ce Pierrot était son fils aîné qu'elle aimait plus que tous les autres,
parce qu'il était un peu rousseau, et qu'elle était un peu rousse. Ils se
85 mirent à table, et mangèrent d'un appétit qui faisait plaisir au père et
à la mère, à qui ils racontaient la peur qu'ils avaient eue dans la forêt,
en parlant presque toujours tous ensemble. Ces bonnes gens étaient
ravis de revoir leurs enfants avec eux, et cette joie dura tant que les dix
écus* durèrent.

90 Mais lorsque l'argent fut dépensé, ils retombèrent dans leur premier chagrin, et résolurent de les perdre encore, et pour ne pas manquer leur coup, de les mener bien plus loin que la première fois. Ils ne
purent parler de cela si secrètement qu'ils ne fussent entendus par le
petit Poucet, qui fit son compte de sortir d'affaire[1] comme il avait
95 déjà fait; mais quoiqu'il se fût levé de bon matin pour aller ramasser
de petits cailloux, il ne put en venir à bout, car il trouva la porte de la

---

1. Fit son compte de sortir d'affaire: comptait bien se sortir d'affaire.

maison fermée à double tour. Il ne savait que faire, lorsque la bûcheronne leur ayant donné à chacun un morceau de pain pour leur
déjeuner, il songea qu'il pourrait se servir de son pain au lieu de
100 cailloux en le jetant par miettes le long des chemins où ils passeraient :
il le serra donc dans sa poche.

Le père et la mère les menèrent dans l'endroit de la forêt le plus
épais et le plus obscur, et dès qu'ils y furent, ils gagnèrent un faux-
fuyant et les laissèrent là. Le petit Poucet ne s'en chagrina pas beau-
105 coup, parce qu'il croyait retrouver aisément son chemin par le moyen
de son pain qu'il avait semé partout où il avait passé ; mais il fut bien
surpris lorsqu'il ne put en retrouver une seule miette : les oiseaux
étaient venus qui avaient tout mangé. Les voilà donc bien affligés, car
plus ils marchaient, plus ils s'égaraient et s'enfonçaient dans la forêt.
110 La nuit vint, et il s'éleva un grand vent qui leur faisait des peurs
épouvantables. Ils croyaient n'entendre de tous côtés que les hurle-
ments de loups qui venaient à eux pour les manger. Ils n'osaient
presque se parler ni tourner la tête. Il survint une grosse pluie qui les
perça jusqu'aux os ; ils glissaient à chaque pas et tombaient dans la
115 boue, d'où ils se relevaient tout crottés, ne sachant que faire de leurs
mains. Le petit Poucet grimpa au haut d'un arbre pour voir s'il ne
découvrirait rien ; ayant tourné la tête de tous côtés, il vit une petite
lueur comme d'une chandelle, mais qui était bien loin par-delà la
forêt. Il descendit de l'arbre ; et lorsqu'il fut à terre, il ne vit plus rien ;
120 cela le désola. Cependant, ayant marché quelque temps avec ses frères
du côté qu'il avait vu la lumière, il la revit en sortant du bois.

Ils arrivèrent enfin à la maison où était cette chandelle, non sans
bien des frayeurs, car souvent ils la perdaient de vue, ce qui leur arri-
vait toutes les fois qu'ils descendaient dans quelques fonds. Ils heur-
125 tèrent à la porte, et une bonne femme vint leur ouvrir. Elle leur
demanda ce qu'ils voulaient ; le petit Poucet lui dit qu'ils étaient de
pauvres enfants qui s'étaient perdus dans la forêt, et qui demandaient
à coucher par charité. Cette femme les voyant tous si jolis se mit à
pleurer, et leur dit :
130 — Hélas ! mes pauvres enfants, où êtes-vous venus ? Savez-vous
bien que c'est ici la maison d'un ogre qui mange les petits enfants ?

— Hélas! Madame, lui répondit le petit Poucet, qui tremblait de toute sa force aussi bien que ses frères, que ferons-nous? Il est bien sûr que les loups de la forêt ne manqueront pas de nous manger cette
135 nuit, si vous ne voulez pas nous retirer* chez vous. Et cela étant, nous aimons mieux que ce soit monsieur qui nous mange; peut-être qu'il aura pitié de nous, si vous voulez bien l'en prier.

La femme de l'ogre, qui crut qu'elle pourrait les cacher à son mari jusqu'au lendemain matin, les laissa entrer et les mena se chauffer
140 auprès d'un bon feu; car il y avait un mouton tout entier à la broche pour le souper de l'ogre. Comme ils commençaient à se chauffer, ils entendirent heurter trois ou quatre grands coups à la porte: c'était l'ogre qui revenait. Aussitôt sa femme les fit cacher sous le lit et alla ouvrir la porte. L'ogre demanda d'abord si le souper était prêt, et si on
145 avait tiré du vin, et aussitôt se mit à table. Le mouton était encore tout sanglant, mais il ne lui en sembla que meilleur. Il fleurait à droite et à gauche, disant qu'il sentait la chair fraîche.

— Il faut, lui dit sa femme, que ce soit ce veau que je viens d'habiller[1] que vous sentez.

150 — Je sens la chair fraîche, te dis-je encore une fois, reprit l'ogre, en regardant sa femme de travers, et il y a ici quelque chose que je n'entends* pas.

En disant ces mots, il se leva de table, et alla droit au lit.

— Ah! dit-il, voilà donc comme tu veux me tromper, maudite
155 femme! Je ne sais à quoi il tient que je ne te mange aussi; bien t'en prend d'être une vieille bête. Voilà du gibier qui me vient bien à propos pour traiter trois ogres de mes amis qui doivent me venir voir ces jours ici.

Il les tira de dessous le lit l'un après l'autre. Ces pauvres enfants se
160 mirent à genoux en lui demandant pardon; mais ils avaient affaire au plus cruel de tous les ogres, qui bien loin d'avoir de la pitié les dévorait déjà des yeux, et disait à sa femme que ce seraient là de friands morceaux* lorsqu'elle leur aurait fait une bonne sauce. Il alla prendre

---

1. Habiller: apprêter la viande, par exemple en la débitant en quartiers, pour qu'elle soit prête
   à la cuisson.

un grand couteau, et en approchant de ces pauvres enfants, il l'aigui-
165 sait sur une longue pierre qu'il tenait à sa main gauche. Il en avait déjà
empoigné un, lorsque sa femme lui dit :

— Que voulez-vous faire à l'heure qu'il est ? N'aurez-vous pas
assez de temps demain ?

— Tais-toi, reprit l'ogre, ils en seront plus mortifiés[1].

170 — Mais vous avez encore là tant de viande, reprit sa femme, voilà
un veau, deux moutons et la moitié d'un cochon !

— Tu as raison, dit l'ogre ; donne-leur bien à souper, afin qu'ils ne
maigrissent pas, et va les mener coucher.

La bonne femme fut ravie de joie, et leur porta bien à souper, mais
175 ils ne purent manger tant ils étaient saisis de peur. Pour l'ogre, il se
remit à boire, ravi d'avoir de quoi si bien régaler ses amis. Il but une
douzaine de coups plus qu'à l'ordinaire, ce qui lui donna un peu dans
la tête, et l'obligea de s'aller coucher.

L'ogre avait sept filles qui n'étaient encore que des enfants. Ces
180 petites ogresses avaient toutes le teint fort beau, parce qu'elles man-
geaient de la chair fraîche comme leur père ; mais elles avaient de
petits yeux gris et tout ronds, le nez crochu et une fort grande bouche
avec de longues dents fort aiguës et fort éloignées l'une de l'autre.
Elles n'étaient pas encore très méchantes ; mais elles promettaient
185 beaucoup, car elles mordaient déjà les petits enfants pour en sucer
le sang.

On les avait fait coucher de bonne heure, et elles étaient toutes sept
dans un grand lit, ayant chacune une couronne d'or sur la tête. Il y
avait dans la même chambre un autre lit de la même grandeur ; ce fut
190 dans ce lit que la femme de l'ogre mit coucher les sept petits garçons ;
après quoi, elle s'alla coucher auprès de son mari.

Le petit Poucet qui avait remarqué que les filles de l'ogre avaient
des couronnes d'or sur la tête, et qui craignait qu'il ne prît à l'ogre
quelque remords de ne les avoir pas égorgés dès le soir même, se leva
195 vers le milieu de la nuit, et prenant les bonnets de ses frères et le sien,
il alla tout doucement les mettre sur la tête des sept filles de l'ogre,

---

1. Mortifiés : faisandés, laissés à vieillir (comme une viande) pour les attendrir.

après leur avoir ôté leurs couronnes d'or, qu'il mit sur la tête de ses frères et sur la sienne, afin que l'ogre les prît pour ses filles, et ses filles pour les garçons qu'il voulait égorger. La chose réussit comme il
200 l'avait pensé, car l'ogre, s'étant éveillé sur le minuit, eut regret d'avoir différé au lendemain ce qu'il pouvait exécuter la veille ; il se jeta donc brusquement hors du lit, et prenant son grand couteau :

— Allons voir, dit-il, comment se portent nos petits drôles ; n'en faisons pas à deux fois*.

205 Il monta donc à tâtons à la chambre de ses filles et s'approcha du lit où étaient les petits garçons, qui dormaient tous, excepté le petit Poucet, qui eut bien peur lorsqu'il sentit la main de l'ogre qui lui tâtait la tête, comme il avait tâté celles de tous ses frères. L'ogre, qui sentit les couronnes d'or :

210 — Vraiment, dit-il, j'allais faire là un bel ouvrage ; je vois bien que je bus trop hier au soir.

Il alla ensuite au lit de ses filles où, ayant senti les petits bonnets des garçons :

— Ah ! les voilà, dit-il, nos gaillards ! travaillons hardiment.

215 En disant ces mots, il coupa sans balancer* la gorge à ses sept filles. Fort content de cette expédition, il alla se recoucher auprès de sa femme.

Aussitôt que le petit Poucet entendit ronfler l'ogre, il réveilla ses frères, et leur dit de s'habiller promptement et de le suivre. Ils descen-
220 dirent doucement dans le jardin, et sautèrent par-dessus les murailles. Ils coururent presque toute la nuit, toujours en tremblant et sans savoir où ils allaient. L'ogre s'étant éveillé dit à sa femme :

— Va-t'en là-haut habiller* ces petits drôles d'hier au soir.

L'ogresse fut fort étonnée de la bonté de son mari, ne se doutant
225 point de la manière qu'il entendait* qu'elle les habillât, et croyant qu'il lui ordonnait de les aller vêtir, elle monta en haut où elle fut bien surprise lorsqu'elle aperçut ses sept filles égorgées et nageant dans leur sang. Elle commença par s'évanouir (car c'est le premier expédient que trouvent presque toutes les femmes en pareilles rencontres).
230 L'ogre, craignant que sa femme ne fût trop longtemps à faire la besogne dont il l'avait chargée, monta en haut pour lui aider. Il ne fut pas moins étonné que sa femme lorsqu'il vit cet affreux spectacle.

— Ah! qu'ai-je fait là? s'écria-t-il. Ils me le payeront, les malheureux, et tout à l'heure*.

235 Il jeta aussitôt une potée[1] d'eau dans le nez de sa femme, et l'ayant
fait revenir:

— Donne-moi vite mes bottes de sept lieues*, lui dit-il, afin que
j'aille les attraper.

Il se mit en campagne, et après avoir couru bien loin de tous côtés,
240 enfin il entra dans le chemin où marchaient ces pauvres enfants qui
n'étaient plus qu'à cent pas du logis de leur père. Ils virent l'ogre
qui allait de montagne en montagne, et qui traversait des rivières
aussi aisément qu'il aurait fait le moindre ruisseau. Le petit Poucet,
qui vit un rocher creux proche le lieu où ils étaient, y fit cacher ses six
245 frères, et s'y fourra aussi, regardant toujours ce que l'ogre deviendrait.
L'ogre, qui se trouvait fort las du long chemin qu'il avait fait inutilement (car les bottes de sept lieues fatiguent fort leur homme), voulut
se reposer, et par hasard il alla s'asseoir sur la roche où les petits garçons s'étaient cachés. Comme il n'en pouvait plus de fatigue, il s'en-
250 dormit après s'être reposé quelque temps, et vint à ronfler si
effroyablement que les pauvres enfants n'eurent pas moins de peur
que quand il tenait son grand couteau pour leur couper la gorge. Le
petit Poucet en eut moins de peur, et dit à ses frères de s'enfuir
promptement à la maison, pendant que l'ogre dormait bien fort, et qu'ils
255 ne se missent point en peine de lui. Ils crurent son conseil et gagnèrent
vite la maison.

Le petit Poucet, s'étant approché de l'ogre, lui tira doucement ses
bottes et les mit aussitôt. Les bottes étaient fort grandes et fort larges;
mais comme elles étaient fées*, elles avaient le don de s'agrandir et de
260 s'apetisser selon la jambe de celui qui les chaussait, de sorte qu'elles se
trouvèrent aussi justes à ses pieds et à ses jambes que si elles avaient
été faites pour lui. Il alla droit à la maison de l'ogre où il trouva sa
femme qui pleurait auprès de ses filles égorgées.

— Votre mari, lui dit le petit Poucet, est en grand danger, car il a
265 été pris par une troupe de voleurs qui ont juré de le tuer s'il ne leur
donne tout son or et tout son argent. Dans le moment qu'ils lui

---

1. Potée: contenu d'un pot.

tenaient le poignard sur la gorge, il m'a aperçu et m'a prié de vous venir avertir de l'état où il est, et de vous dire de me donner tout ce qu'il a vaillant[1] sans en rien retenir, parce qu'autrement ils le tueront
270 sans miséricorde. Comme la chose presse beaucoup, il a voulu que je prisse ses bottes de sept lieues* que voilà pour faire diligence, et aussi afin que vous ne croyiez pas que je sois un affronteur[2].

La bonne femme fort effrayée lui donna aussitôt tout ce qu'elle avait : car cet ogre ne laissait pas* d'être fort bon mari, quoiqu'il man-
275 geât les petits enfants. Le petit Poucet étant donc chargé de toutes les richesses de l'ogre s'en revint au logis de son père, où il fut reçu avec bien de la joie.

Il y a bien des gens qui ne demeurent pas d'accord de cette dernière circonstance, et qui prétendent que le petit Poucet n'a jamais fait ce
280 vol à l'ogre ; qu'à la vérité, il n'avait pas fait conscience de lui prendre ses bottes[3] de sept lieues, parce qu'il ne s'en servait que pour courir après les petits enfants. Ces gens-là assurent le savoir de bonne part, et même pour avoir bu et mangé dans la maison du bûcheron. Ils assurent que lorsque le petit Poucet eut chaussé les bottes de l'ogre, il
285 s'en alla à la cour, où il savait qu'on était fort en peine d'une armée qui était à deux cents lieues de là, et du succès d'une bataille qu'on avait donnée. Il alla, disent-ils, trouver le roi, et lui dit que s'il le souhaitait, il lui rapporterait des nouvelles de l'armée avant la fin du jour. Le roi lui promit une grosse somme d'argent s'il en venait à bout. Le
290 petit Poucet rapporta des nouvelles dès le soir même, et cette première course l'ayant fait connaître, il gagnait tout ce qu'il voulait ; car le roi le payait parfaitement bien pour porter ses ordres à l'armée, et une infinité de dames lui donnaient tout ce qu'il voulait pour avoir des nouvelles de leurs amants, et ce fut là son plus grand gain. Il se
295 trouvait quelques femmes qui le chargeaient de lettres pour leurs maris, mais elles le payaient si mal, et cela allait à si peu de chose, qu'il ne daignait mettre en ligne de compte ce qu'il gagnait de ce côté-là. Après avoir fait pendant quelque temps le métier de courrier, et y

---

1. Tout ce qu'il a vaillant : toute sa fortune. Le mot « vaillant » signifie ce qui a de la valeur.
2. Affronteur : menteur, imposteur.
3. Il n'avait pas fait conscience de lui prendre ses bottes : il n'avait aucun scrupule à lui prendre ses bottes, il n'en avait pas fait un cas de conscience.

avoir amassé beaucoup de bien, il revint chez son père, où il n'est pas
300 possible d'imaginer la joie qu'on eut de le revoir. Il mit toute sa
famille à son aise. Il acheta des offices[1] de nouvelle création pour son
père et pour ses frères; et par là il les établit tous, et fit parfaitement
bien sa cour en même temps.

MORALITÉ

305 On ne s'afflige point d'avoir beaucoup d'enfants,
    Quand ils sont tous beaux, bien faits et bien grands,
      Et d'un extérieur qui brille;
    Mais si l'un d'eux est faible ou ne dit mot,
    On le méprise, on le raille, on le pille[2];
310 Quelquefois cependant c'est ce petit marmot
    Qui fera le bonheur de toute la famille.

---

1. Voir «acheter des charges», note 2, à la page 52.
2. On le pille: on l'injurie, on en dit du mal.

Le Petit Chaperon rouge.
John Assal (1868-1948).

Jacob et Wilhelm
Grimm

Jacques Ferron

Hans Christian
Andersen

Jacob GRIMM (1785-1863)
et Wilhelm GRIMM (1786-1859)

LE PETIT CHAPERON ROUGE

Il était une fois une adorable petite fillette que tout le monde aimait rien qu'à la voir, et plus que tous, sa grand-mère, qui ne savait que faire ni que donner comme cadeaux à l'enfant. Une fois, elle lui donna un petit chaperon de velours rouge et la fillette le trouva si joli,
5 il lui allait tellement bien, qu'elle ne voulut plus porter autre chose et qu'on ne l'appela plus que le Petit Chaperon rouge.

Un jour, sa mère lui dit :

— Tiens, Petit Chaperon rouge, voici un morceau de galette et une bouteille de vin : tu iras les porter à ta grand-mère ; elle est malade et
10 affaiblie, et elle va bien se régaler. Vas-y tout de suite, avant qu'il ne fasse trop chaud ; et sois bien sage en chemin et ne saute pas à droite ou à gauche pour aller tomber et me casser la bouteille de grand-mère, qui n'aurait plus rien. Et puis, dis bien bonjour en entrant et ne regarde pas d'abord dans tous les coins !

15 — Je serai sage et je ferai tout pour le mieux, promit le Petit Chaperon rouge à sa mère, avant de lui dire au revoir et de partir.

Mais la grand-mère habitait à une bonne demi-heure du village, tout là-bas, dans la forêt ; et lorsque le Petit Chaperon rouge entra dans la forêt, ce fut pour rencontrer le loup. Mais elle ne savait pas
20 que c'était une si méchante bête et elle n'avait pas peur.

— Bonjour, Petit Chaperon rouge, dit le loup.

— Merci à toi et bonjour aussi, loup.

— Où vas-tu de si bonne heure, Petit Chaperon rouge ?

— Chez grand-mère.

25 — Que portes-tu sous ton tablier, dis-moi ?

— De la galette et du vin, dit le Petit Chaperon rouge ; nous l'avons cuite hier et je vais en porter à grand-mère, parce qu'elle est malade et que cela lui fera du bien.

— Où habite-t-elle, ta grand-mère, Petit Chaperon rouge ?
30 demanda le loup.

— Plus loin dans la forêt, à un quart d'heure d'ici ; c'est sous les
trois grands chênes, et juste en dessous, il y a des noisetiers, tu reconnaîtras forcément, dit le Chaperon rouge.

Fort de ce renseignement, le loup pensa : « Un fameux régal, cette
35 mignonne et tendre jeunesse ! Grasse chère, que j'en ferai : meilleure
encore que la grand-mère, que je vais engloutir aussi. Mais attention,
il faut être malin si tu veux les déguster l'une et l'autre. » Telles étaient
les pensées du loup tandis qu'il faisait un bout de conduite au Petit
Chaperon rouge. Puis il dit, tout en marchant :

40 — Toutes ces jolies fleurs dans le sous-bois, comment se fait-il que
tu ne les regardes même pas, Petit Chaperon rouge ? Et les oiseaux, on
dirait que tu ne les entends pas chanter ! Tu marches droit devant toi
comme si tu allais à l'école, mais c'est pourtant rudement joli,
la forêt !

45 Le Petit Chaperon rouge donna un coup d'œil alentour et vit
danser les rayons du soleil entre les arbres, et puis partout, partout des
fleurs qui brillaient. « Si j'en faisais un bouquet pour grand-mère, se
dit-elle, cela lui ferait plaisir aussi ; il est tôt et j'ai bien le temps d'en
cueillir. » Sans attendre, elle quitta le chemin pour entrer dans le sous-
50 bois et cueillir des fleurs : une ici, l'autre là, mais la plus belle était toujours un peu plus loin, et encore plus loin dans l'intérieur de la forêt.
Le loup, pendant ce temps, courait tout droit à la maison de la grand-
mère et frappait à sa porte.

— Qui est là ? cria la grand-mère.

55 — C'est moi, le Petit Chaperon rouge, dit le loup ; je t'apporte de
la galette et du vin, ouvre-moi !

— Tu n'as qu'à tirer le loquet, cria la grand-mère. Je suis trop faible
pour aller t'ouvrir.

Le loup tira le loquet, poussa la porte et entra pour s'avancer tout
60 droit, sans dire un mot, jusqu'au lit de la grand-mère, qu'il avala. Il
mit ensuite sa chemise, s'enfouit la tête sous son bonnet de dentelle et
se coucha dans son lit, puis tira les rideaux de l'alcôve.

Le Petit Chaperon rouge avait couru de fleur en fleur, mais à présent son bouquet était si gros que c'était tout juste si elle pouvait le

65 porter. Alors elle pensa à sa grand-mère et se remit bien vite en
chemin pour arriver chez elle. La porte était ouverte et cela l'étonna ;
mais quand elle fut dans la chambre, tout lui parut de plus en plus
bizarre et elle se dit : « Mon Dieu, comme tout est étrange
aujourd'hui ! D'habitude, je suis si heureuse quand je suis chez grand-
70 mère ! » Elle salua pourtant :

— Bonjour, grand-mère !

Mais comme personne ne répondait, elle s'avança jusqu'à son lit et
écarta les rideaux. La grand-mère était là, couchée, avec son bonnet
qui lui cachait presque toute la figure, et elle avait l'air si étrange.

75 — Comme tu as de grandes oreilles, grand-mère !

— C'est pour mieux t'entendre, répondit-elle.

— Comme tu as de gros yeux, grand-mère !

— C'est pour mieux te voir, répondit-elle.

— Comme tu as de grandes mains !

80 — C'est pour mieux te prendre, répondit-elle.

— Oh ! grand-mère, quelle grande bouche et quelles terribles
dents tu as !

— C'est pour mieux te manger, dit le loup, qui fit un bond hors du
lit et avala le pauvre Petit Chaperon rouge d'un seul coup.

85 Sa voracité satisfaite, le loup retourna se coucher dans le lit et s'en-
dormit bientôt, ronflant plus fort que fort. Le chasseur, qui passait
devant la maison, l'entendit et pensa : « Qu'a donc la vieille femme à
ronfler si fort ? Il faut que tu entres et que tu voies si elle a quelque
chose qui ne va pas. » Il entra donc et, s'approchant du lit, vit le loup
90 qui dormait là.

— C'est ici que je te trouve, vieille canaille ! dit le chasseur. Il y a un
moment que je te cherche !…

Et il allait épauler son fusil, quand, tout à coup, l'idée lui vint que
le loup avait peut-être mangé la grand-mère et qu'il pouvait être
95 encore temps de la sauver. Il reposa son fusil, prit des ciseaux et se mit
à tailler le ventre du loup endormi. Au deuxième ou au troisième
coup de ciseaux, il vit le rouge chaperon qui luisait ; deux ou trois
coups de ciseaux encore, et la fillette sautait dehors en s'écriant : « Oh,
la, la, quelle peur j'ai eue ! Comme il faisait noir dans le ventre du
100 loup ! » Et bientôt après sortait aussi la vieille grand-mère, mais c'était

à peine si elle pouvait encore respirer. Le Petit Chaperon rouge courut chercher de grosses pierres qu'ils fourrèrent dans le ventre du loup ; et quand il se réveilla et voulut bondir, les pierres pesaient si lourd qu'il s'affala et resta mort sur le coup.

105   Tous les trois étaient bien contents : le chasseur prit la peau du loup et rentra chez lui ; la grand-mère mangea la galette et but le vin que le Petit Chaperon rouge lui avait apportés, se retrouvant bientôt à son aise. Mais pour ce qui est du Petit Chaperon rouge, elle se jura : « Jamais plus de ta vie tu ne quitteras le chemin pour courir dans les
110 bois, quand ta mère te l'a défendu. »

* * *

On raconte encore qu'une autre fois, quand le Petit Chaperon rouge apportait de nouveau de la galette à sa vieille grand-mère, un autre loup essaya de la distraire et de la faire sortir du chemin. Mais elle s'en garda bien et continua à marcher tout droit. Arrivée chez sa
115 grand-mère, elle lui raconta bien vite que le loup était venu à sa rencontre et qu'il lui avait souhaité le bonjour, mais qu'il l'avait regardée avec des yeux si méchants : « Si je n'avais pas été sur la grand-route, il m'aurait dévorée ! » ajouta-t-elle.

— Viens, lui dit sa grand-mère, nous allons fermer la porte et la
120 bien cadenasser pour qu'il ne puisse pas entrer ici.

Peu après, le loup frappait à la porte et criait : « Ouvre-moi, grand-mère ! C'est moi, le Petit Chaperon rouge, qui t'apporte des gâteaux ! » Mais les deux gardèrent le silence et n'ouvrirent point la porte. Tête-Grise fit alors plusieurs fois le tour de la maison à pas
125 feutrés, et, pour finir, il sauta sur le toit, décidé à attendre jusqu'au soir, quand le Petit Chaperon rouge sortirait, pour profiter de l'obscurité et l'engloutir. Mais la grand-mère se douta bien de ses intentions.

— Prends le seau, mon enfant, dit-elle au Petit Chaperon rouge ;
130 j'ai fait cuire des saucisses hier, et tu vas porter l'eau de cuisson dans la grande auge de pierre qui est devant l'entrée de la maison.

Le Petit Chaperon rouge en porta tant et tant de seaux que, pour finir, l'auge était pleine. Alors la bonne odeur de la saucisse vint caresser les narines du loup jusque sur le toit. Il se pencha pour voir

135 et renifler, se pencha et renifla, renifla et se pencha si bien en tendant le cou, qu'à la fin il glissa et ne put plus se retenir. Il glissa du toit et tomba droit dans l'auge de pierre où il se noya.

Allègrement, le Petit Chaperon rouge regagna sa maison, et personne ne lui fit le moindre mal.

Jacques FERRON (1921-1985)

LE PETIT CHAPERON ROUGE

Une vieille dame, qu'on avait beaucoup chaperonnée en sa jeunesse avec le résultat qu'elle avait épousé un homme autoritaire dont elle était veuve, Dieu merci, achevait ses jours sans surveillance, libre et heureuse, dans un petit bungalow à l'Abord-à-Plouffe[1]. C'était une
5 personne étudiée, pas loin d'être parfaite. Elle n'avait qu'un défaut : la peur des chiens. Et il est rare que les chiens viennent seuls. Une de ses petites-filles était sa préférée : elle la chérissait mais ne la connaissait guère. Ses autres enfants, mieux connus, elle les aimait bien mais ne s'en inquiétait pas : la solitude l'avait détachée d'eux. Ç'avait été sur
10 un cœur quelque peu sec qu'une fine crevasse était apparue, un mal qui n'avait rien de familial et que la solitude, loin de guérir, avait approfondi. La vieille dame ne pensait pas à sa préférée sans le ressentir, sans porter sa main à sa poitrine : un mal agaçant contre lequel elle ne pouvait rien. Le seul remède était de se dire : « Elle viendra
15 demain, après-demain. » Mais quand la fillette s'amenait, mine de rien, après avoir attaché son chien en arrière du hangar, la grand-mère n'était pas soulagée. Le jeune être l'intimidait. Elle ne savait quel langage lui tenir, craignant d'entamer du neuf[2], d'en dire trop ou pas assez. Alors elle reprenait en fausset des rengaines : « Que tu as de
20 belles joues, mon enfant ! — C'est pour mieux rougir, grand-maman. — De belles lèvres ! — Pour mieux ouvrir la bouche, grand-maman. » Ces joues, ces lèvres étaient effleurées du doigt de la vieille dame qui mignardait, cajolait l'enfant étonnée de tant d'amour, un peu agacée aussi, car cela n'en finissait plus.

---

1. L'Abord-à-Plouffe : village maintenant intégré à la ville de Laval, juste au nord de Montréal.
2. Entamer du neuf : au sens propre, briser un objet neuf, couper une pièce d'un vêtement neuf ; au sens figuré, aborder un nouveau sujet de conversation après avoir laissé tomber un autre sujet intéressant.

25 Cependant*, le chien, derrière le hangar, trouvait la corde courte et détestait tout ce qu'il y avait devant. Le père de la fillette, commis voyageur, l'avait ramené d'une de ses tournées. « Et ma mère ? » avait objecté sa femme. « Bah ! elle ne le verra pas. » Elle ne le vit pas en effet, car on avait décidé qu'il resterait en arrière du hangar.
30 Néanmoins, la première fois que la fillette vint à l'Abord-à-Plouffe* en compagnie du chien : « Tu sens drôle, petite », lui dit la grand-mère. Puis elle s'habitua, du moins n'en parla plus. Mais, coïncidence étrange, sa petite-fille, qui jusque-là lui avait semblé une enfant comme les autres, commença d'être différente, unique et irrempla-
35 çable. Sur son vieux cœur la petite gerçure était apparue, que la solitude, loin de guérir, avait approfondie.

Un jour, le commis voyageur avait rapporté d'Ontario une caisse de bonne margarine, la mère dit à sa fille : « Mets ton petit chaperon rouge, tu iras porter un cadeau à ta grand-mère. » La fillette, qui s'en-
40 nuyait toujours où elle se trouvait, ne se fit pas prier. Elle mit sa capeline et partit pour l'Abord-à-Plouffe. « Ne t'amuse pas en chemin, la margarine fondrait », lui avait dit sa mère. Elle se dépêchait donc, accompagnée de son chien qui montrait les dents. Les voyous des rues n'osaient pas approcher. Ils criaient toutefois : « Hé ! Es-tu le petit
45 Chaperon Rouge ? » La fillette, pincée, se disait en elle-même : « Ma mère me prend pour une enfant », et se dandinait pour montrer qu'elle ne l'était plus. La capeline trop courte accusait le jeu de ses braves petites hanches. Les voyous rigolaient. Le chien n'aimait guère cela. Il détestait encore plus, toutefois, d'aller à l'Abord-à-Plouffe.
50 Quand il se rendit compte que c'était là leur destination, il ne put, cette fois, s'y résoudre. Il dit au petit Chaperon Rouge : « Prends le chemin du Parc Belmont[1] ; moi, j'enfile la rue du pont, nous nous retrouverons en arrière du hangar. » Et il se sauva, laissant la fillette sans protection.
55 Or, un vieux coquin, vrai gibier de potence, chassait dans le quartier justement. Il flaire la viande fraîche et aperçoit le petit Chaperon Rouge. Ce qu'il en voit en arrière le convainc aussitôt que la proie mérite d'être vue par devant. Il presse le pas, la rejoint et par la même

---

1. Parc Belmont : parc d'amusement (1923-1983) qui était situé dans Cartierville, au nord de l'île de Montréal.

occasion lui apprend que, la connaissant sans qu'elle le connaisse, il
60 est bien aise* de la saluer. Elle, ne sachant que penser, répond à sa
politesse. « Où allez-vous ainsi, ma belle enfant ? — Je m'en vais chez
ma grand-mère, à l'Abord-à-Plouffe. — Oui, bien sûr. — Vous la
connaissez donc ! — Oui, comme vous le voyez. » La fillette, rassurée,
jugea qu'elle ne pouvait rien cacher à un homme aussi familier. Le
65 coquin eut donc tous les renseignements dont il avait besoin. Alors il
s'arrêta, désolé de ne pouvoir l'accompagner plus loin. Le petit
Chaperon Rouge continua seule. Lui, il héla un grand taxi noir qui le
conduisit en moins d'un instant chez la grand-mère. « Qui est là ?
demanda celle-ci. — C'est votre petite-fille. — As-tu le rhume ? — Oui,
70 grand-maman. — Prends la clef sous le paillasson et entre vite. » Il
entre, montrant la paume de ses deux mains : « Ne vous effrayez pas,
bonne dame ; j'ai simplement besoin d'une robe et d'un bonnet de
nuit. — Pourquoi faire ? — Néveurmagne[1] ! » Quand il a mis la robe
et le bonnet, il enferme la vieille dans un placard et se couche, heu-
75 reux comme seul un coquin sait l'être quand il voit son mauvais coup
sur le point de réussir. Il a laissé la porte de la maison entrouverte
pour ne pas être trahi par sa voix. « La fillette entrera sans permission,
de même je la cueillerai. » Et il se pourlèche de si grand plaisir que le
lit en branle.
80   Le petit Chaperon Rouge, pendant ce temps, s'amenait d'un petit
train bien ordinaire. Le chien arriva le premier en arrière du hangar.
Là, la vue de l'anneau, auquel on l'attache d'ordinaire, lui rappelle
qu'il est seul et libre. La corde ne le retient pas : il bondit en avant,
contourne le hangar, aperçoit le bungalow au milieu des fleurs et des
85 arbustes ; le poil hérissé, il s'en approche, saute sur le perron ; la porte
est entrouverte, il la pousse du nez, et le voilà entré. Quand le petit
Chaperon Rouge arriva à son tour, elle ne trouva pas de chien au
rendez-vous. Elle l'appelle, point de réponse. Ne sachant que penser,
elle s'avance, contourne le hangar. Qu'aperçoit-elle alors : sa bonne
90 grand-mère, si fine, si étudiée, le bonnet à la main, la robe troussée,
qui fuit sur de longues jambes velues le chien qui lui mord les fesses.
Saisie d'horreur, elle ouvre la bouche en vain. Quand elle parvient à

---

1. Néveurmagne : déformation de l'anglais *never mind*, qui signifie « ça ne fait rien »,
« ne t'occupe pas de cela ».

crier, la grand-mère et la bête ont déjà disparu derrière les haies des jardins voisins. La pauvre enfant serra son petit pot de margarine sur
95 son cœur, bien malheureuse. Le beau soleil, les arbustes, les fleurs offensaient sa peine. Elle alla se réfugier dans l'ombre de la maison où, pour n'avoir pas à penser à tout ce qui venait d'arriver, elle pleura, pleura.

Elle commençait à se demander ce qu'elle ferait, rendue au bout de
100 ses larmes, quand elle entendit un léger bruit. Elle prêta attention et n'en crut pas ses oreilles : c'était sa grand-mère qui l'appelait. «Grand-mère, où êtes-vous? — Dans le placard. Tire la chevillette, la bobinette cherra[1].» La fillette fit ce que sa grand-mère lui demandait, la porte du placard s'ouvrit et elles tombèrent dans les bras l'une de
105 l'autre. «Ah, petite, disait la grand-mère, tu as bien failli me trouver tout autre que je suis! — Vous de même, grand-mère, car mon chien m'avait échappé. — Coquine, il me semblait bien que tu sentais drôle!» Le chien et le coquin ne formaient qu'un loup. Ce loup restait entre elles. Elles se mignardaient, cajolaient avec une passion nou-
110 velle. Et il arriva ce qui devait arriver : dans le pot oublié sur la table, la margarine fondit.

---

1. Tournure reprise du *Petit Chaperon rouge* de Perrault. Voir la note 1, à la page 44.

Jacob GRIMM (1785-1863)
et Wilhelm GRIMM (1786-1859)

CENDRILLON

Il y avait un homme riche dont la femme était tombée malade ; et quand elle se sentit approcher de sa fin, elle appela à son chevet son unique fillette et lui dit : « Mon enfant chérie, reste toujours pieuse et bonne, et tu pourras compter sur l'aide du bon Dieu ; et moi, du haut
5 du ciel, je te regarderai et te protégerai. » Après ces paroles, elle ferma les yeux et mourut. Chaque jour, désormais, la fillette se rendit sur la tombe de sa mère, et chaque jour elle pleurait, s'appliquant à rester pieuse et bonne. Quand l'hiver vint, il mit un blanc manteau de neige sur la tombe ; et quand le soleil du printemps l'eut enlevé, le père prit
10 une seconde femme.

Cette femme avait amené dans la maison ses deux filles, qui étaient jolies et blanches de visage, mais vilaines et noires de cœur. Et pour la pauvre enfant du premier lit, ce fut une période affreuse qui commença.

15 — Cette dinde idiote, est-ce qu'elle va rester avec nous ? dirent-elles. Elle n'a pas sa place au salon ! Il faut gagner son pain quand on veut le manger. Allez ouste ! Hors d'ici, la fille de cuisine !

Elles lui ôtèrent ses beaux vêtements, lui mirent un vieux tablier gris et la chaussèrent de sabots de bois, puis se moquèrent d'elle en la
20 poussant dans la cuisine. « Oh ! la fière princesse, qu'elle est bien attifée, voyez-moi ça ! » Alors elle dut travailler dur du matin jusqu'au soir, se lever tôt, tirer de l'eau, allumer le feu, faire la cuisine et la vaisselle, la lessive et tous les gros travaux. Les deux sœurs, au surplus, n'arrêtaient pas de lui faire toutes les misères possibles et imaginables,
25 riaient d'elle à tout propos, lui jetaient les pois ou les lentilles dans la cendre pour qu'elle eût à rester là encore à les trier une fois de plus. Le soir, quand elle était exténuée de sa journée, elle n'avait pas de lit pour se coucher, mais devait s'étendre par terre, sur la pierre du foyer,

dans les cendres ; et comme elle en était toujours souillée et salie, les
30 sœurs l'appelaient Cendrillon.

Un jour que le père devait se rendre à la foire, il demanda à ses
deux belles-filles ce qu'elles voulaient qu'il leur en rapportât. « De
belles robes ! » dit l'une. « Des perles et des joyaux ! » dit l'autre.

— Et toi, Cendrillon, qu'aimerais-tu ? demanda-t-il à sa fille.

35 — La première branche qui cinglera votre chapeau en cours de
route, père, coupez-la pour moi, répondit-elle.

Il acheta donc pour ses deux belles-filles de jolies toilettes, des
perles et des pierres précieuses ; et il s'en revenait, quand en passant
à cheval dans un bosquet, une branche de noisetier lui cingla le cha-
40 peau et le lui fit tomber à terre. Il coupa le rameau et l'emporta.
Arrivé à la maison, il donna aux deux sœurs ce qu'elles avaient
voulu, et à Cendrillon le rameau de noisetier. Cendrillon l'en
remercia et s'en alla planter la petite branche sur la tombe de sa
mère ; elle pleurait si fort que ses larmes mouillèrent et arrosèrent le
45 rameau, qui prit racine, poussa et devint un fort bel arbre.
Cendrillon s'y rendait chaque jour trois fois, pleurant et priant sous
le bel arbre, et toujours un petit oiseau blanc venait s'y poser ; et si
elle formulait un souhait, le petit oiseau de l'arbre lui jetait aussitôt
ce qu'elle avait souhaité.

50 Il advint, une fois, que le roi donna une grande fête de trois jours,
à laquelle étaient invitées toutes les jolies filles du pays, afin que son
fils pût se choisir une fiancée. Quand les deux sœurs apprirent
qu'elles étaient invitées aussi, elles furent tout excitées et appelèrent
Cendrillon aussitôt : « Coiffe-nous, lui dirent-elles, fais briller nos
55 chaussures et serre-nous bien dans nos ceintures : nous allons pour le
mariage au palais du roi. » Cendrillon obéit, mais en pleurant, tant
elle eût aimé les accompagner au bal ; aussi alla-t-elle en demander la
permission à sa belle-mère.

— Toi, Cendrillon ? fit la belle-mère. Sale et dégoûtante comme tu
60 l'es, tu voudrais être de la noce ? Tu n'as ni robe ni souliers, et tu voudrais aller danser ?

Mais comme elle ne se laissait pas décourager et continuait de la
supplier, la belle-mère finit par lui dire, pour avoir la paix : « Bon, tu
pourras venir si, en deux heures de temps, tu réussis à ramasser et à

65 trier le pot de lentilles que je vais renverser dans les cendres.» Le pot
versé, Cendrillon gagna le jardin par la porte de derrière et appela:
— Gentils pigeons, mignonnes tourterelles, et vous tous les petits
oiseaux de sous le ciel, venez vite à mon aide et trions comme il faut:
Les bonnes dans le petit pot,
70 *Les autres dans votre jabot.*
Deux blancs pigeons entrèrent d'abord par la fenêtre de la cuisine,
puis vinrent les tourterelles et enfin tous les petits oiseaux du ciel, en
rangs pressés, battant des ailes, pour se poser tout partout sur les cendres. Les pigeons penchèrent un peu la tête et commencèrent à pic,
75 pic, pic, piqueter les lentilles, et les autres se mirent aussi à pic, pic,
pic, piqueter les lentilles pour les tirer de la cendre et les ramasser
dans le pot. Il ne s'était pas passé une heure que déjà tout était fini et
que tous les oiseaux s'étaient envolés de nouveau. Tout heureuse,
Cendrillon s'empressa d'aller montrer le pot à sa marâtre, croyant
80 qu'elle allait, elle aussi, se rendre avec les autres à la fête du roi.
— Non, Cendrillon, dit celle-ci: tu n'as pas de robe à te mettre et
tu ne sais pas danser. Tout le monde se moquerait de toi.
Mais pour qu'elle cessât de pleurer, la marâtre lui promit:
— Si tu me tries deux pleins pots de lentilles dans la cendre en une
85 heure de temps, alors tu pourras venir.
Car en elle-même, elle se disait: «Cela, jamais elle n'arrivera à
le faire!»
Dès qu'elle eut éparpillé les deux pots de lentilles dans les cendres,
Cendrillon courut au jardin par la porte de derrière et appela:
90 — Gentils pigeons, mignonnes tourterelles, et vous tous les petits
oiseaux de sous le ciel, venez vite à mon aide et trions comme il faut:
Les bonnes dans le petit pot,
Les autres dans votre jabot.
Deux blancs pigeons entrèrent d'abord par la fenêtre de la cuisine,
95 puis vinrent les tourterelles et enfin tous les petits oiseaux du ciel, en
rangs serrés, battant des ailes, pour se poser tout partout sur les cendres. Les pigeons penchèrent un peu la tête et commencèrent à pic,
pic, pic, piqueter les lentilles, et les autres se mirent aussi à pic, pic,
pic, piqueter les lentilles pour les tirer de la cendre et les ramasser
100 dans les pots. Il ne s'était pas passé une demi-heure que tout était fini
et que tous les oiseaux s'envolèrent de nouveau. Joyeuse, Cendrillon

s'empressa d'aller porter les pots à sa marâtre, croyant aller avec les autres à la fête du roi.

— Tout cela ne sert à rien, dit celle-ci : tu n'as pas de robe à te
105 mettre et tu ne sais pas danser ; tu ne peux donc pas venir avec nous. Tu nous ferais honte.

Elle lui tourna le dos et gagna la porte avec ses deux filles orgueilleuses et altières.

Lorsqu'il n'y eut plus personne à la maison, Cendrillon alla sur la
110 tombe de sa mère, se mit sous le noisetier et dit :

Arbre gentil, agite-toi bien fort
Pour me couvrir d'argent et d'or.

Alors l'oiseau lui fit descendre une robe d'argent et d'or ainsi que des pantoufles brodées de soie et d'argent. Elle se hâta de revêtir la
115 robe et alla à la fête des noces. Ni sa belle-mère, ni ses demi-sœurs ne la reconnurent, pensant plutôt que ce devait être là quelque fille de roi étrangère au pays, tant elle était belle dans sa robe d'or. Elles ne songeaient pas le moins du monde à Cendrillon, qu'elles croyaient toujours à la maison, en train de fouiller dans les cendres pour en trier les
120 lentilles. Le fils du roi vint à sa rencontre, la prit par la main et dansa avec elle. Il ne voulut même danser avec nulle autre, et c'est pourquoi il ne lui lâchait pas la main ; et si quelque autre cavalier venait pour l'inviter à son tour, le prince lui disait : « C'est ma cavalière. »

Jusqu'au soir elle dansa, puis elle voulut rentrer chez elle, mais le
125 prince lui dit qu'il irait avec elle et l'accompagnerait, tant il était curieux de voir de quelle famille venait cette jolie jeune fille. Il l'accompagna, en effet, mais au dernier moment elle lui échappa et sauta dans le pigeonnier. Le prince attendit que revînt le père et lui dit que la jeune inconnue avait sauté dans le pigeonnier. « Serait-ce Cendrillon ? »
130 se demanda le père, qui réclama une hache et une pioche pour ouvrir en deux le pigeonnier. Mais il n'y avait personne à l'intérieur ; et quand ils entrèrent dans la maison, Cendrillon, dans son costume misérable et souillé, était couchée sur la cendre, avec une méchante veilleuse à huile qui clignotait dans la cheminée. Elle avait, en effet, bien vite sauté
135 du pigeonnier par-derrière et couru jusqu'au noisetier, où elle avait quitté sa robe magnifique pour la déposer sur la tombe, et le petit oiseau l'avait remportée tandis qu'elle retrouvait la cuisine et son vieux tablier gris pour se coucher sur la cendre, dans l'âtre.

Le lendemain, comme recommençait la fête, dès que ses parents et
140 les deux sœurs altières eurent quitté la maison, Cendrillon courut au
noisetier et dit :
  Arbre gentil, agite-toi bien fort
  Pour me couvrir d'argent et d'or.
Alors l'oiseau lui fit descendre une robe encore beaucoup plus
145 splendide et magnifique que celle de la veille. Et quand elle apparut à
la fête ainsi parée, tout le monde s'étonna et s'émerveilla de sa beauté.
Le fils du roi, qui avait attendu sa venue, la prit aussitôt par la main et
ne dansa qu'avec elle. Et si quelque autre cavalier venait pour l'inviter,
il lui disait : « C'est ma danseuse. » Quand elle voulut rentrer, le soir
150 venu, le prince l'accompagna, car il voulait voir dans quelle maison
elle entrait. Mais elle lui échappa et sauta dans le jardin derrière la
maison. Il y avait là un grand bel arbre tout chargé de magnifiques
poires, et elle grimpa si prestement entre ses branches, vive comme un
écureuil, que le prince ne sut pas où elle avait bien pu passer. Mais il
155 attendit que revînt le père et lui dit que la jolie inconnue avait disparu, mais qu'il croyait qu'elle s'était cachée dans le grand poirier. Le
père se dit en lui-même : « Serait-ce Cendrillon ? » et se fit apporter
une hache, entama l'arbre tout autour et l'abattit ; mais il n'y avait
personne dedans. Et quand ils entrèrent dans la cuisine, Cendrillon
160 était là, couchée dans la cendre comme toujours. Elle avait sauté de
l'arbre par-derrière, en effet, et rapporté vite, vite, sa robe magnifique
au petit oiseau du noisetier pour reprendre son vieux tablier gris.
Le troisième jour, quand ses parents et les sœurs furent partis,
Cendrillon retourna sur la tombe de sa mère et dit au noisetier :
165   *Arbre gentil, agite-toi bien fort*
  Pour me couvrir d'argent et d'or.
Et la robe que l'oiseau lui fit descendre, cette fois, était si merveilleuse et d'une telle magnificence que jamais elle n'avait rien eu qui lui
ressemblât ; et les escarpins n'étaient faits que d'or. Parée de la sorte,
170 elle fit son entrée à la fête et tout le monde béa d'admiration, ne
sachant plus que dire. Le fils du roi ne dansa qu'avec elle, et si
quelqu'un d'autre venait pour l'inviter, il disait : « C'est ma cavalière. »
Le soir venu, Cendrillon voulut s'en aller et le prince voulut l'accompagner, mais elle s'esquiva si lestement qu'il ne put la suivre.
175 Seulement le prince avait recouru à la ruse et fait enduire de poix
toutes les marches du perron, et tandis qu'elle dégringolait l'escalier

en volant presque, sa pantoufle gauche y resta collée. Le fils du roi prit cet escarpin, qui était minuscule, délicat, et entièrement fait d'or.

180 Le lendemain matin, le prince alla trouver le père et lui dit : « Je ne veux point d'autre épouse que celle à qui cette chaussure d'or ira. » Ce fut une grande joie pour les deux sœurs, car elles avaient un joli pied. L'aînée alla dans sa chambre avec l'escarpin, qu'elle voulait chausser. Sa mère était présente. Mais le soulier était trop petit et le pouce n'y pouvait entrer. La mère s'empressa de lui tendre un couteau :
185 « Coupe-le, lui dit-elle ; quand tu seras reine, tu n'auras plus besoin de marcher. » La jeune fille se coupa l'orteil et enfila son pied dans la chaussure, quelque vive que fût la douleur, puis sortit retrouver le prince. Il la prit sur son cheval et partit avec elle comme sa fiancée ; mais ils devaient passer non loin de la tombe où deux colombes, per-
190 chées sur le noisetier, se mirent à glousser bien fort :

> *Roucou-oucou, roucou-oucou*
> *Dans la pantoufle le sang coule :*
> *L'escarpin était trop petit,*
> *La fiancée est au logis.*

195 Jetant un coup d'œil au pied chaussé, le prince vit que le sang en ruisselait. Il fit faire demi-tour à son cheval et ramena la fausse fiancée à sa maison, disant que ce n'était pas elle qu'il devait épouser, et que l'autre sœur devait essayer l'escarpin. La seconde sœur alla dans sa chambre avec l'escarpin et réussit très bien à y enfiler ses orteils, mais
200 ce fut le talon qui refusa d'entrer. Oui, le talon était trop gros. Alors la mère lui tendit le couteau et lui dit : « Coupe un bout du talon : quand tu seras reine, tu n'auras plus besoin de marcher. » La jeune fille s'enleva un morceau du talon et força son pied dans la chaussure, quelque vive que fût la douleur, puis sortit retrouver le prince. Il la prit sur son
205 cheval et partit avec elle comme sa fiancée. Mais quand ils furent non loin du noisetier, les deux colombes roucoulèrent de plus belle :

> *Roucou-oucou, roucou-oucou*
> *Dans la pantoufle le sang coule :*
> *L'escarpin était trop petit,*
210 > *La fiancée est au logis.*

De nouveau, le prince jeta un coup d'œil sur le pied chaussé, vit que le sang coulait, coulait si fort que le bas blanc en était tout rougi. Alors il tourna bride et ramena la fausse fiancée à la maison.

— Ce n'est pas celle-là non plus que je dois épouser, dit-il. N'avez-
215 vous pas d'autre fille ?

— Non, dit le père, il n'y a plus ici que ce pauvre souillon* de
Cendrillon, la fille de ma première femme, qui est là-bas, dans la cuisine ; mais celle-là ne saurait être la fiancée, c'est impossible !

Le fils du roi déclara néanmoins qu'il fallait l'envoyer chercher, mais
220 la mère s'interposa : « Non, non, elle n'est pas présentable : elle est beaucoup trop sale pour se laisser voir ! » Le prince insista : il y tenait abso-
lument, et il fallut qu'on allât la chercher. Cendrillon voulut d'abord se
laver les mains et le visage, puis elle vint s'incliner devant le fils du roi,
qui lui tendit l'escarpin d'or. Ensuite elle s'assit sur un escabeau, sortit
225 son pied du pesant sabot de bois et le chaussa de la pantoufle qui
le moulait parfaitement. Quand elle se releva, en voyant son visage, le
prince la reconnut et s'exclama : « C'est elle, la véritable fiancée ! »

La belle-mère et les deux demi-sœurs en pâlirent de rage, mais le
prince prit Cendrillon sur son cheval et partit avec elle. Et quand ils
230 passèrent non loin du noisetier, les deux colombes blanches roucoulèrent doucement, quoique assez haut pour se faire entendre :

Roucou-oucou, roucou-oucou
La pantoufle n'a rien du tout :
Sa fiancée est avec lui,
235 *L'escarpin n'est pas trop petit.*

Puis les colombes quittèrent l'arbre et vinrent se poser gracieuse-
ment sur les épaules de Cendrillon, une à droite et l'autre à gauche, et
elles restèrent là.

Le jour des noces de Cendrillon avec le fils du roi, à l'heure de la céré-
240 monie, arrivèrent les deux sœurs pour l'accabler de flatteries et de doux
compliments, car elles voulaient s'insinuer dans ses bonnes grâces et
avoir part à son bonheur. Le cortège gagnait l'église derrière les fiancés,
et la sœur aînée marchait à droite de Cendrillon, la cadette à sa gauche ;
alors la colombe de droite et la colombe de gauche leur piquèrent à cha-
245 cune un œil. À la sortie de l'église, par contre, l'aînée marchait à gauche
de Cendrillon et la cadette à droite ; alors les deux colombes leur piquèrent à chacune l'autre œil. Et c'est ainsi que, par la cécité jusqu'à leur dernier jour, elles ont été punies de leur méchanceté et de leur fausseté.

Hans Christian ANDERSEN (1805-1875)

LE VILAIN PETIT CANARD

Comme il faisait bon dans la campagne! C'était l'été. Les blés étaient dorés, l'avoine verte, les foins coupés embaumaient, ramassés en tas dans les prairies, et une cigogne marchait sur ses jambes rouges, si fines et si longues et claquait du bec en égyptien (sa mère lui avait
5 appris cette langue-là).

Au-delà, des champs et des prairies s'étendaient, puis la forêt aux grands arbres, aux lacs profonds.

En plein soleil, un vieux château s'élevait entouré de fossés, et au pied des murs poussaient des bardanes aux larges feuilles, si hautes
10 que les petits enfants pouvaient se tenir tout debout sous elles. L'endroit était aussi sauvage qu'une épaisse forêt, et c'est là qu'une cane s'était installée pour couver. Elle commençait à s'ennuyer beaucoup. C'était bien long et les visites étaient rares : les autres canards préféraient nager dans les fossés plutôt que de s'installer sous les
15 feuilles pour caqueter avec elle.

Enfin, un œuf après l'autre craqua. Pip, pip, tous les jaunes d'œufs étaient vivants et sortaient la tête.

— Coin, coin, dit la cane, et les petits se dégageaient de la coquille et regardaient de tous côtés sous les feuilles vertes. La mère les laissait
20 ouvrir leurs yeux très grands, car le vert est bon pour les yeux.

— Comme le monde est grand, disaient les petits.

Ils avaient bien sûr beaucoup plus de place que dans l'œuf.

— Croyez-vous que c'est là tout le grand monde ? dit leur mère, il s'étend bien loin, de l'autre côté du jardin, jusqu'au champ du pasteur,
25 mais je n'y suis jamais allée.

« Êtes-vous bien là, tous ? » Elle se dressa. « Non, le plus grand œuf est encore tout entier. Combien de temps va-t-il encore falloir couver ? J'en ai par-dessus la tête. »

Et elle se recoucha dessus.

30 — Eh bien ! comment ça va ? demanda une vieille cane qui venait enfin rendre visite.

— Ça dure et ça dure, avec ce dernier œuf qui ne veut pas se briser. Mais regardez les autres, je n'ai jamais vu des canetons plus

ravissants. Ils ressemblent tous à leur père, ce coquin, qui ne vient
35 même pas me voir.

— Montre-moi cet œuf qui ne veut pas craquer, dit la vieille. C'est,
sans doute, un œuf de dinde, j'y ai été prise moi aussi une fois, et j'ai
eu bien du mal avec celui-là. Il avait peur de l'eau et je ne pouvais pas
obtenir qu'il y aille. J'avais beau courir et crier. Fais-moi voir. Oui,
40 c'est un œuf de dinde, sûrement. Laisse-le et apprends aux autres
enfants à nager.

— Je veux tout de même le couver encore un peu, dit la mère,
maintenant que j'y suis depuis longtemps.

— Fais comme tu veux, dit la vieille, et elle s'en alla.

45 Enfin, l'œuf se brisa.

— Pip, pip, dit le petit en roulant dehors.

Il était si grand et si laid que la cane, étonnée, le regarda.

— En voilà un énorme caneton, dit-elle, aucun des autres ne lui
ressemble. Et si c'était un dindonneau ? Eh bien, nous allons savoir ça
50 au plus vite. Il faudra qu'il aille à l'eau, quand je devrais l'y pousser à
coups de patte.

Le lendemain, il faisait un temps splendide. La cane avec toute la
famille s'approcha du fossé. Plouf ! elle sauta dans l'eau. « Coin !
coin ! » commanda-t-elle, et les canetons plongèrent l'un après l'autre,
55 même l'affreux gros gris. L'eau leur passait par-dessus la tête, mais ils
revenaient tout de suite à la surface et nageaient gentiment ; leurs
pattes s'agitaient comme il faut.

— Non, ce n'est pas un dindonneau, s'exclama la mère. Voyez
comme il sait se servir de ses pattes et comme il se tient droit. C'est
60 mon petit à moi. Il est même beau quand on le regarde bien. Coin !
coin ! Venez avec moi, je vous conduirai dans le monde et vous pré-
senterai à la cour des canards. Mais tenez-vous toujours près de moi
pour qu'on ne vous marche pas dessus, et méfiez-vous du chat.

Ils arrivèrent à l'étang des canards où régnait un effroyable
65 vacarme. Deux familles se disputaient une tête d'anguille. Ce fut le
chat qui l'attrapa.

— Ainsi va le monde ! dit la cane en se pourléchant le bec.

Elle aussi aurait volontiers mangé la tête d'anguille.

— Jouez des pattes et tâchez de vous dépêcher et courbez le cou
70 devant la vieille cane, là-bas, elle est la plus importante de nous tous.

Elle est de sang espagnol, c'est pourquoi elle est si grosse. Vous voyez qu'elle a un chiffon rouge à la patte, c'est la plus haute distinction pour un canard. Cela signifie qu'on ne veut pas la manger et que chacun doit y prendre garde. Ne mettez pas les pattes en dedans, un
75 caneton bien élevé nage les pattes en dehors comme père et mère. Maintenant, courbez le cou et faites coin !

Les petits obéissaient, mais les canards autour d'eux les regardaient et s'exclamaient à haute voix :

— Encore une famille de plus, comme si nous n'étions pas déjà
80 assez. Et il y en a un vraiment affreux, celui-là nous n'en voulons pas.

Une cane se précipita sur lui et le mordit au cou.

— Laissez-le tranquille, dit la mère. Il ne fait de mal à personne.

— Non, mais il est trop grand et mal venu. Il a besoin d'être rossé.

— Elle a de beaux enfants, cette mère ! dit la vieille cane au chiffon
85 rouge, tous beaux, à part celui-là : il n'est guère réussi. Si on pouvait seulement recommencer les enfants ratés !

— Ce n'est pas possible, Votre Grâce, dit la mère des canetons ; il n'est pas beau mais il est très intelligent et il nage bien, aussi bien que les autres, mieux même. Il est resté trop longtemps dans son œuf, c'est
90 pourquoi il n'a pas la taille convenable. J'espère qu'en grandissant il embellira et qu'avec le temps il sera très présentable.

Elle lui arracha quelques plumes du cou, puis le lissa :

— Du reste, c'est un mâle, alors la beauté n'a pas tant d'importance. Je crois qu'il sera vigoureux et qu'il fera son chemin.

95 — Les autres sont adorables, dit la vieille. Vous êtes chez vous, et si vous trouvez une tête d'anguille, vous pourrez me l'apporter.

Et ils furent comme chez eux.

Cependant, le pauvre caneton, trop grand, trop laid, était la risée de tous. Les canards et même les poules le bousculaient. Le dindon
100 — né avec des éperons — et qui se croyait un empereur, gonflait ses plumes comme des voiles. Il se précipitait sur lui en poussant des glouglous de colère. Le pauvre caneton ne savait où se fourrer. La fille de basse-cour* lui donnait des coups de pied. Ses frères et sœurs, eux-mêmes, lui criaient :

105 — Si seulement le chat pouvait te prendre, phénomène !

Et sa mère :

— Si seulement tu étais bien loin d'ici !

C'en était trop! Le malheureux, d'un grand effort, s'envola par-dessus la haie, les petits oiseaux dans les buissons se sauvaient à 110 tire-d'aile.

«Je suis si laid que je leur fais peur», pensa-t-il en fermant les yeux.

Il courut tout de même jusqu'au grand marais où vivaient les canards sauvages. Il tombait de fatigue et de chagrin et resta là toute la nuit.

115 Au matin, les canards en voyant ce nouveau camarade s'écrièrent:

— Qu'est-ce que c'est que celui-là?

Notre ami se tournait de droite et de gauche, et saluait tant qu'il pouvait.

— Tu es affreux, lui dirent les canards sauvages, mais cela nous est 120 bien égal pourvu que tu n'épouses personne de notre famille.

Il ne songeait guère à se marier, le pauvre! Si seulement on lui permettait de coucher dans les roseaux et de boire l'eau du marais.

Il resta là deux jours. Vinrent deux oies sauvages, deux jars plutôt, car c'étaient des mâles, il n'y avait pas longtemps qu'ils étaient sortis 125 de l'œuf et ils étaient très désinvoltes.

— Écoute, camarade, dirent-ils, tu es laid, mais tu nous plais. Veux-tu venir avec nous et devenir oiseau migrateur? Dans un marais à côté il y a quelques charmantes oiselles sauvages, toutes demoiselles bien capables de dire coin, coin (oui, oui), et laid comme tu es, je 130 parie que tu leur plairas.

Au même instant, il entendit Pif! Paf!, les deux jars tombèrent raides morts dans les roseaux, l'eau devint rouge de leur sang. Toute la troupe s'égailla et les fusils claquèrent de nouveau.

Des chasseurs passaient, ils cernèrent le marais, il y en avait même 135 grimpés dans les arbres. La fumée bleue formait comme des nuages au milieu des arbres sombres, et restait suspendue sur l'eau. Les chiens de chasse couraient dans la vase. Platch! Platch! Les roseaux volaient de tous côtés; le pauvre caneton, épouvanté, essayait de cacher sa tête sous son aile quand il vit un immense chien terri-140 fiant, la langue pendante, les yeux étincelants. Son museau, ses dents pointues étaient déjà prêts à le saisir quand — Klap! — il partit sans le toucher.

— Oh! Dieu merci! je suis si laid que même le chien ne veut pas me mordre.

145   Il se tint tout tranquille pendant que les plombs sifflaient et que les coups de fusils claquaient.

Le calme ne revint qu'au milieu du jour, mais le pauvre n'osait pas se lever, il attendit encore de longues heures, puis quittant le marais il courut à travers les champs et les prés, malgré le vent qui l'empêchait
150 presque d'avancer.

Vers le soir, il atteignit une pauvre masure paysanne, si misérable qu'elle ne savait pas elle-même de quel côté elle avait envie de tomber, alors elle restait debout provisoirement. Le vent sifflait si fort qu'il fallait au caneton s'asseoir sur sa queue pour lui résister. Il s'aperçut tout
155 à coup que l'un des gonds de la porte était arraché, ce qui laissait un petit espace au travers duquel il était possible de se glisser dans la cabane. C'est ce qu'il fit.

Une vieille paysanne habitait là, avec son chat et sa poule. Le chat pouvait faire le gros dos et ronronner. Il jetait même des étincelles si
160 on le caressait à rebrousse-poil. La poule avait les pattes toutes courtes, elle pondait bien et la femme les aimait tous les deux comme ses enfants.

Au matin, ils remarquèrent l'inconnu. Le chat fit « chum » et la poule fit « cotcotcot ».

165   — Qu'est-ce que c'est que ça ! dit la femme.

Elle n'y voyait pas très clair et crut que c'était une grosse cane égarée.

« Bonne affaire, pensa-t-elle, je vais avoir des œufs de cane. Pourvu que ce ne soit pas un mâle. Nous verrons bien. »

Le caneton resta à l'essai, mais on s'aperçut très vite qu'il ne pon-
170 dait aucun œuf. Le chat était le maître de la maison et la poule la maîtresse. Ils disaient : « Nous et le monde », ils pensaient bien en être la moitié, du monde, et la meilleure. Le caneton était d'un autre avis, mais la poule ne supportait pas la contradiction.

— Sais-tu pondre ? demandait-elle.

175 — Non.

— Alors, tais-toi.

Et le chat disait :

— Sais-tu faire le gros dos, ronronner et faire des étincelles ?

— Non.

180 — Alors, n'émets pas des opinions absurdes quand les gens raisonnables parlent.

Le caneton, dans son coin, était de mauvaise humeur ; il avait une telle nostalgie d'air frais, de soleil, une telle envie de glisser sur l'eau. Il ne put s'empêcher d'en parler à la poule.

185 — Qu'est-ce qui te prend, répondit-elle. Tu n'as rien à faire, alors tu te montes la tête. Tu n'as qu'à pondre ou à ronronner, et cela te passera.

— C'est si délicieux de glisser sur l'eau, dit le caneton, si exquis quand elle vous passe par-dessus la tête et de plonger jusqu'au fond !

— En voilà un plaisir, dit la poule. Tu es complètement fou.
190 Demande au chat, qui est l'être le plus intelligent que je connaisse, s'il aime glisser sur l'eau ou plonger la tête dedans. Je ne parle même pas de moi. Demande à notre hôtesse, la vieille paysanne. Il n'y a pas plus intelligent. Crois-tu qu'elle a envie de nager et d'avoir de l'eau par-dessus la tête ?

195 — Vous ne me comprenez pas, soupirait le caneton.

— Alors, si nous ne te comprenons pas, qui est-ce qui te comprendra ! Tu ne vas tout de même pas croire que tu es plus malin que le chat ou la femme… ou moi-même ! Remercie plutôt le ciel de ce qu'on a fait pour toi. N'es-tu pas là dans une chambre bien chaude
200 avec des gens capables de t'apprendre quelque chose ? Mais tu n'es qu'un vaurien, et il n'y a aucun plaisir à te fréquenter. Remarque que je te veux du bien et si je te dis des choses désagréables, c'est que je suis ton amie. Essaie un peu de pondre ou de ronronner !

— Je crois que je vais me sauver dans le vaste monde, avoua
205 le caneton.

— Eh bien ! vas-y donc.

Il s'en alla. Il nagea sur l'eau, il plongea, mais tous les animaux le dédaignaient à cause de sa laideur.

L'automne vint, les feuilles dans la forêt passèrent du jaune au
210 brun, le vent les faisait voler de tous côtés. L'air était froid, les nuages lourds de grêle et de neige, dans les haies nues les corbeaux croassaient kré ! kru ! krà ! oui, il y avait de quoi grelotter. Le pauvre caneton n'était guère heureux.

Un soir, au soleil couchant, un grand vol d'oiseaux sortit des buis-
215 sons. Jamais le caneton n'en avait vu de si beaux, d'une blancheur si immaculée, avec de longs cous ondulants. Ils ouvraient leurs larges ailes et s'envolaient loin des contrées glacées vers le midi, vers les pays plus chauds, vers la mer ouverte. Ils volaient si haut, si haut, que le

caneton en fut impressionné ; il tournait sur l'eau comme une roue,
220 tendait le cou vers le ciel... il poussa un cri si étrange et si puissant
que lui-même en fut effrayé.

Jamais il ne pourrait oublier ces oiseaux merveilleux ! Lorsqu'ils
furent hors de sa vue, il plongea jusqu'au fond de l'eau et quand il
remonta à la surface, il était comme hors de lui-même. Il ne savait pas
225 le nom de ces oiseaux ni où ils s'envolaient, mais il les aimait comme
il n'avait jamais aimé personne. Il ne les enviait pas, comment aurait-il
rêvé de leur ressembler...

L'hiver fut froid, terriblement froid. Il lui fallait nager constamment pour empêcher l'eau de geler autour de lui. Mais, chaque nuit,
230 le trou où il nageait devenait de plus en plus petit. La glace craquait,
il avait beau remuer ses pattes, à la fin, épuisé, il resta pris dans
la glace.

Au matin, un paysan qui passait le vit, il brisa la glace de son sabot
et porta le caneton à la maison où sa femme le ranima.

235 Les enfants voulaient jouer avec lui, mais lui croyait qu'ils voulaient lui faire du mal, il s'élança droit dans la terrine de lait éclabous-
sant toute la pièce ; la femme criait et levait les bras au ciel. Alors, il
vola dans la baratte où était le beurre et, de là, dans le tonneau à
farine. La paysanne le poursuivait avec des pincettes ; les enfants se
240 bousculaient pour l'attraper... et ils riaient... et ils criaient.
Heureusement, la porte était ouverte ! Il se précipita sous les buissons,
dans la neige molle, et il y resta anéanti.

Il serait trop triste de raconter tous les malheurs et les peines qu'il
dut endurer en ce long hiver. Pourtant, un jour enfin, le soleil se leva,
245 déjà chaud, et se mit à briller. C'était le printemps.

Alors, soudain, il éleva ses ailes qui bruirent et le soulevèrent, et
avant qu'il pût s'en rendre compte, il se trouva dans un grand jardin
plein de pommiers en fleurs. Là, les lilas embaumaient et leurs
longues branches vertes tombaient jusqu'aux fossés.

250 Comme la douceur du printemps lui était agréable ! Et voilà que,
devant lui, sortant des fourrés trois superbes cygnes blancs s'avan-
çaient. Ils ébouriffaient leurs plumes et nageaient si légèrement, et il
reconnaissait les beaux oiseaux blancs. Une étrange mélancolie s'em-
para de lui.

255   — Je vais voler jusqu'à eux et ils me battront à mort, moi si laid,
d'avoir l'audace de les approcher ! Mais tant pis, plutôt mourir par
eux que pincé par les canards, piqué par les poules ou par les coups de
pied des filles de basse-cour* !

Il s'élança dans l'eau et nagea vers ces cygnes pleins de noblesse. À
260 son étonnement, ceux-ci, en le voyant, se dirigèrent vers lui.

— Tuez-moi, dit le pauvre caneton en inclinant la tête vers la surface des eaux.

Et il attendit la mort.

Mais alors, qu'est-ce qu'il vit, se reflétant sous lui, dans l'eau claire ?
265 C'était sa propre image, non plus comme un vilain gros oiseau gris et
lourdaud… il était devenu un cygne !

Peu importe qu'on soit né dans la cour des canards, si l'on est sorti
d'un œuf de cygne.

Il ne regrettait pas le temps des misères et des épreuves puisqu'elles
270 devaient le conduire vers un tel bonheur ! Les grands cygnes blancs
nageaient autour de lui et le caressaient de leur bec.

Quelques enfants approchaient, jetant du pain et des graines. Le
plus petit s'écria : «Oh ! il y en a un nouveau. »

Et tous les enfants de s'exclamer et de battre des mains et de danser
275 en appelant père et mère.

On lança du pain et des gâteaux dans l'eau. Tous disaient : « Le
nouveau est le plus beau, si jeune et si gracieux. » Les vieux cygnes
s'inclinaient devant lui.

Il était tout confus, notre petit canard, et cachait sa tête sous l'aile,
280 il ne savait lui-même pourquoi. Il était trop heureux, pas du tout
orgueilleux pourtant, car un grand cœur ne connaît pas l'orgueil. Il
pensait combien il avait été pourchassé et haï alors qu'il était le même
qu'aujourd'hui où on le déclarait le plus beau de tous ! Les lilas
embaumaient dans la verdure, le chaud soleil étincelait. Alors il gonfla
285 ses plumes, leva vers le ciel son col flexible et de tout son cœur comblé
il cria : «Aurais-je pu rêver semblable félicité quand je n'étais que le
vilain petit canard ! »

Le Petit Poucet (1862).
Gustave Doré (1832-1883).

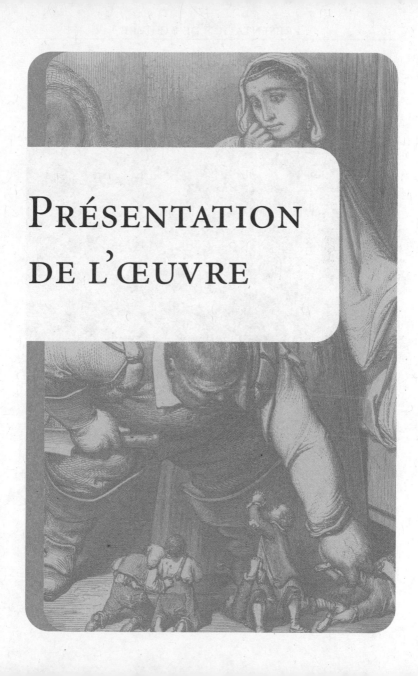

PRÉSENTATION DE L'ŒUVRE

LOUIS XIV À L'ÂGE DE 63 ANS.
PEINTRE DE L'ÉCOLE ANGLAISE, XIXᵉ SIÈCLE.

PERRAULT ET SON ÉPOQUE

Lorsqu'on demande aux gens de décrire comment ils imaginent le monde des *Contes* de Perrault, ils tracent souvent un portrait qui idéalise la vie sous les rois de France à la fin du XVIe siècle et au XVIIe siècle. Les rois sont gentils, les princesses, mignonnes, les princes, charmants. Les chevaliers et les soldats sont des mousquetaires, les laquais et les serviteurs portent la livrée de Versailles. Les chevaux blancs tirent des carrosses dorés aux fenêtres desquels de belles jeunes filles, parées d'or et de pierres précieuses, font la moue à des paysans laborieux qui récoltent dans la joie les fruits d'une terre généreuse. Les châteaux ne ressemblent plus aux forteresses massives du Moyen Âge, perchées sur des pitons rocheux, mais plutôt à des palais aériens de fine pierre ciselée en dentelle, comme on en voit à Chenonceau… ou à Disneyland! Les gentils sont beaux, les méchants, laids… Et tout se termine par un baiser rempli de la promesse des enfants à venir.

Tout n'est pas idyllique, que non! à l'époque où Perrault a vécu. Bien sûr, la France est à son apogée, dirigée par le plus grand roi de son histoire: Louis XIV, surnommé le Roi-Soleil. Il unifie le pays autour de sa personne et de son pouvoir absolu. Il souhaite l'existence d'une seule religion (le catholicisme), d'une seule langue (le français), et impose aux artistes de le glorifier. Vu de loin, plus de 350 ans après, on peut être obnubilé par une splendeur qui pourtant cache un despotisme qui sacrifia d'innombrables vies à sa grandeur. À cette distance, on devrait savoir que la révolte, si elle ne gronde pas encore, couve sous la braise, prête à enflammer le continent; on devrait savoir que les affamés voudront bientôt arracher de force le pain des mains de ceux qui les en ont privés des siècles durant. Et Perrault lui-même, modestement il est vrai, est l'un de ceux qui commencent à contester l'autoritarisme, le dirigisme, l'absolutisme, à tout le moins dans le domaine littéraire.

Sur le plan **social,** la division de la société en deux catégories, noblesse et roture, semble immuable; pourtant, moins de 100 ans plus tard, la noblesse en France aura disparu, remplacée dans les hautes sphères du pouvoir par une nouvelle classe sociale, la bourgeoisie. Sur le plan **gouvernemental,** la monarchie accapare de plus en plus de pouvoirs, au point de devenir absolue ; pourtant, moins de 100 ans après la mort du plus grand et du plus absolu des rois que la France ait connus, Louis XIV, un nouveau type de gouvernement est mis en place : la démocratie. Sur le plan **artistique,** on n'a jamais vu s'imposer autant de règles et de faiseurs de règles, ce qui entraîne l'apparition du classicisme, mouvement artistique et littéraire donnant la primauté à la raison et cherchant à produire des œuvres universelles et éternelles ; pourtant, dès le siècle suivant, des artistes fondent leur art sur le mot fameux de Pascal : « Le cœur a ses raisons que la raison ne connaît point », instaurant un mouvement aux antipodes du classicisme, le romantisme. Sur le plan **linguistique** aussi, la raison et l'autorité triomphent : les dialectes cèdent de plus en plus devant une langue unifiée et soumise aux bons soins de l'Académie française. Sur le plan **scientifique,** la superstition et la sorcellerie embrouillent toujours les connaissances ; les savants doivent lutter contre des croyances bien ancrées, certains même sont ostracisés en raison de recherches qui les font entrer directement en collision avec les autorités établies.

La hiérarchie et l'organisation sociale

La société française du XVIIe siècle est fondée sur une division formelle entre deux groupes sociaux aux allures de castes : celui des aristocrates, c'est-à-dire les gens qui détiennent un titre de noblesse, et celui des roturiers, c'est-à-dire les bourgeois, artisans, paysans, etc., qui composent la vaste majorité de la population du royaume. Héritière de la vieille structure féodale du Moyen Âge, l'aristocratie se compose de princes, de ducs, de comtes, de marquis, de chevaliers, etc., soumis en principe à l'autorité royale et chargés de l'administration des diverses régions du pays au nom du roi. La noblesse jouit de nombreux privilèges et tire ses revenus de l'exploitation de la région ou de la charge qui lui est confiée. Cela ne signifie pas, loin de là, que tous les nobles sont de riches exploiteurs qui abusent de leur pouvoir pour saigner à blanc les classes laborieuses. Si certains sont riches à millions, dirait-on aujourd'hui, de nombreux nobles, surtout ceux qui administrent des régions défavorisées, sont à peine moins pauvres que ceux qu'ils gouvernent.

Possédant parfois plus de richesses que bien des nobles, les banquiers, les patrons de manufactures ou d'ateliers, les propriétaires terriens constituent la bourgeoisie naissante, en train de prendre son essor vers les sommets de la société. Quant au peuple, il se compose de paysans, d'artisans et de travailleurs de toutes sortes.

La noblesse est héréditaire : l'aîné hérite automatiquement du titre et des avoirs de son père. Qu'obtiennent les autres enfants ? Théoriquement, rien. Pour les soustraire à la charge du père ou de l'aîné, on tente de les faire officiers, diplomates ou religieux, de les marier à des fils ou à des filles riches, nobles si possible, roturiers à défaut. C'est pourquoi une foule d'aristocrates se presse autour du roi et de ses ministres en quête de charges ou de postes dans l'armée et la marine, dans l'administration et le gouvernement, partout en somme où ces hommes peuvent gagner leur vie. La vieille noblesse d'épée a bien changé ! Elle s'est gonflée d'une noblesse d'office et de robe : ce sont les nobles nommés par le roi à différents postes militaires, administratifs, et même religieux. Les cardinaux et les évêques, en effet, sont souvent des nobles à qui le roi confie l'administration d'un territoire, ce qui ne va pas sans causer des frictions avec l'Église et avec Rome, qui s'oppose à toute intervention séculière, fût-elle royale, dans la hiérarchie catholique. Notons que les filles, évidemment, n'accèdent ni à l'armée ni à la fonction publique.

LA HIÉRARCHIE ET L'ORGANISATION SOCIALE DANS LES *CONTES*

Les nobles sont bien représentés dans les *Contes* de Perrault par des rois et des reines, des princesses et des princes charmants (dans « Peau d'Âne » et « La Belle au bois dormant », par exemple) ou moins charmants (comme dans « Riquet à la houppe »). En général, ils mènent une vie fastueuse, donnent de somptueux bals, vivent dans d'opulents châteaux et sont vêtus de costumes éblouissants. Ce sont en outre souvent des personnages capricieux, traités avec complaisance par un entourage plus ou moins soumis. Ainsi, la jeune princesse, avant de devenir une souillon connue sous le nom de Peau d'Âne, peut impunément demander au roi son père des robes plus extravagantes les unes que les autres : la première d'un bleu plus étincelant que le ciel ; la seconde, couleur d'argent, dont l'éclat éclipse celui de la lune ; la troisième, la plus splendide de toutes, « encore plus brillante / Et de la couleur du soleil » (v. 186-187). S'ils sont pour la plupart d'une beauté sans égale et d'une intelligence au-dessus de la moyenne, certains peinent à faire leur chemin dans ce monde idyllique de la haute société. Ainsi le prince Riquet est « si laid et si mal fait qu'on douta longtemps s'il avait forme humaine » (l. 1-2). Et la princesse dont il tombe amoureux n'a « point d'esprit, et [est] aussi stupide qu'elle [est] belle » (l. 19-20). Ces qualités qui leur manquent, beauté et intelligence, sont essentielles dans leur monde du paraître et de la parade, peuplé de personnes « honnêtes », c'est-à-dire possédant des aptitudes prisées dans la société aristocratique.

Les roturiers aussi, qu'ils soient riches ou pauvres, figurent en bonne place : le couple de bûcherons des *Souhaits ridicules* et les pauvres parents du *Petit Poucet* illustrent le sort misérable réservé à une large proportion de cette classe sociale. Sous Louis XIII et Louis XIV, en effet, famines et disettes accablent les rangs inférieurs de la société. Aussi verra-t-on à maintes reprises le peuple se révolter au cours du XVIIe siècle. Dans les *Contes,* on trouve des traces métaphoriques de ces rébellions contre les riches, par exemple dans le meurtre de la Barbe bleue par les frères de l'épouse injustement condamnée à mort pour un simple crime de curiosité. Elle appelle ses frères à la rescousse, lesquels tuent sans autre forme de procès le hideux mari. Le petit Poucet dépouille de ses bottes et de ses richesses l'ogre qui voulait le transformer, ainsi que ses frères, en chair à pâté. Souvent, le « bon » accapare la richesse du « méchant », comme le fils du meunier qui, pour devenir Marquis de Carabas, s'empare de la richesse de l'ogre grâce à son chat rusé.

Dans la réalité comme dans les *Contes,* les roturiers ne vivent pas tous dans la misère : si l'on ne peut pas considérer comme riche la famille du Petit Chaperon rouge, la Barbe bleue, en bon bourgeois, prend grand plaisir à étaler sa fortune et son riche patrimoine. Est-ce un noble ? Probablement pas, car il doit voyager en province pour affaires. Qui plus est, on ne saurait tuer un noble sans subir de lourdes conséquences, ce qui ne semble pas être le cas de l'épouse infortunée ni de ses frères venus la venger en assassinant le monstrueux mari qui, ne l'oublions pas, a tout de même tué ses épouses précédentes. Certains contes plus que d'autres montrent qu'il est possible de gravir les échelons, et même d'être anobli : dans *Le Chat botté*, celui qui n'était au départ que le troisième fils d'un meunier, donc pourvu du plus vil héritage, non seulement deviendra marquis, mais ira jusqu'à épouser la fille du roi. Autre exemple : l'épouse de la Barbe bleue et le petit Poucet achètent des charges à leurs frères, ce qui leur permet d'être considérés comme d'« honnêtes personnes ». Puis, signe évident que les temps changent et que richesse vaut bien noblesse, la gentille cadette du conte intitulé *Les Fées* possède le don de « jeter » des pierres précieuses à chacune de ses paroles : « Le fils du roi en devint amoureux et, considérant qu'un tel don valait mieux que tout ce qu'on pouvait donner en mariage à une autre, l'emmena au palais du roi son père, où il l'épousa » (l. 69-71). La richesse de cette dot compense une noblesse incertaine ! On peut y voir l'annonce de la révolution qui favorisera l'émergence de la bourgeoisie.

La monarchie absolue sous Louis XIII et Louis XIV

Tout en haut de la pyramide sociale trône le roi. Depuis le Moyen Âge, le pouvoir du roi n'a cessé de croître, en France, pour devenir au XVIIe siècle monarchie absolue ou absolutisme : le roi ne répond de son pouvoir qu'à Dieu et exerce son autorité sans les limites d'un cadre légal, aucune loi ne pouvant être au-dessus de lui. Il n'en a pas toujours été ainsi : le pays a connu des souverains faibles, menacés par des nobles puissants, par des monarques voisins et même par des révoltes paysannes. À titre d'exemple, on peut citer deux épisodes historiques. Au XVe siècle, le duc de Bourgogne, censé être le vassal du roi de France, ébranla le pouvoir royal et faillit même l'usurper. La guerre de Cent Ans (1337-1453) opposa les rois de France et d'Angleterre, chacun prétendant être le suzerain de l'autre : ayant envahi le continent, les Anglais dominèrent longtemps une grande partie du territoire de la France.

Rien de tel à l'époque qui nous intéresse : à la suite d'Henri IV (1589-1610), Louis XIII (1610-1643) et Louis XIV (1643-1715) ont joui d'un

Le Repas de famille.
Les frères Le Nain, peintres du XVIIᵉ siècle.

renforcement de leur puissance, principalement mis en œuvre par des ministres influents, en particulier les cardinaux de Richelieu (ministre de 1624 à 1642) et Mazarin (ministre de 1643 à 1661). Monarques de droit divin — c'est-à-dire à qui le pouvoir, disait-on, avait été accordé par Dieu lui-même —, ils en viennent à diriger toutes les affaires du royaume sans partage. Ils se placent au-dessus de tout et de tous — y compris des lois —, ne répondant de leurs décisions devant personne sauf Dieu, leur seule limite étant ce qu'ils considéraient comme le bien du royaume.

Tout, bien sûr, n'est pas rose et facile durant leur règne. Louis XIII n'a que neuf ans à la mort de son père, moment où il devient roi (1610), et sa mère, Marie de Médicis, exerce la régence. En 1617, après avoir résolu d'assumer ses responsabilités, Louis XIII voit sa mère prendre la tête des Grands [1], opposés au jeune roi. S'ensuivent trois ans de guerre qui se concluent par la défaite de la mère ; trois autres années s'écoulent encore avant qu'enfin, en 1623, la mère et son royal fils se réconcilient, à l'instigation du cardinal de Richelieu. De plus en plus influent, Richelieu restera jusqu'à sa mort, en 1642, le principal ministre de Louis XIII. Certains diront même qu'il gouverne à la place d'un roi peu intéressé aux affaires de son royaume.

Un scénario pas très différent marque le début du règne de Louis XIV, âgé d'un peu moins de cinq ans en 1643. Sa mère, Anne d'Autriche, assure la régence, et le cardinal Mazarin est son principal ministre. En 1648, profitant de la minorité du roi, les parlementaires de Paris tentent de limiter les pouvoirs royaux. Cette menace contre l'absolutisme est sévèrement réprimée, mais bientôt des Grands du royaume se joignent à la dissension. Les troubles gagnent les provinces et durent jusqu'en 1652. Louis XIV, dit-on, aurait gardé toute sa vie le souvenir inquiet de la Fronde [2], où se mêlaient sa crainte des nobles aussi bien que du peuple et son désir de quitter Paris pour installer son palais loin de la ville, à Versailles.

Après la fin des troubles, Mazarin continue d'exercer son ministère jusqu'à sa mort, en 1661. Cette date marque le début du règne personnel de Louis XIV, mais aussi celle du triomphe de l'art classique.

---

1. Des Grands : les nobles les plus puissants et les plus près du roi.
2. La Fronde : nom donné à cette révolte qui a agité la France pendant la minorité de Louis XIV.

Marqué par la Fronde, le Roi-Soleil entend bien tenir la noblesse en dehors des affaires de l'État. Lorsqu'il entreprend la construction du château de Versailles en 1661, le roi fait produire une merveille architecturale qui témoignera de la grandeur de son règne, certes. Du même coup, en enfermant les aristocrates dans cette prison dorée, il pourra exercer sur eux une étroite surveillance et étouffer toute tentative de rébellion. Sans parler qu'il entretient entre eux un climat de rivalité basé uniquement sur l'obtention de ses faveurs royales, alors même qu'il choisit ses véritables conseillers au sein de la bourgeoisie. Bref, la fière noblesse d'antan est réduite à l'impuissance. L'histoire atteste de sa réussite : jusqu'à la Révolution française, en 1789, l'aristocratie restera fidèle au roi, et l'on ne verra plus les Grands du royaume contester l'autorité royale.

La monarchie dans les *Contes*

Un épisode de *Peau d'Âne,* mieux que tout autre, illustre le pouvoir royal absolu. Ne trouvant pas d'épouse digne de lui, le roi se tourne vers la seule personne dont le rang et la grâce lui conviennent : sa propre fille ! Ce père, à l'exemple des monarques absolus du temps de Perrault, ne tolère aucune opposition. Comme il dispose d'une fortune colossale, il peut répondre aux moindres caprices de sa fille qui tente, par des demandes outrancières, de le faire changer d'avis. L'auteur des *Contes* doit user d'une pirouette stylistique pour ne pas avoir l'air de mettre en cause l'autorité royale : « Votre père, il est vrai, voudrait vous épouser ; / Écouter sa folle demande / Serait une faute bien grande, / Mais sans le contredire on le peut refuser » (v. 140-143). En clair, on ne peut contredire le roi, et seules les lumières de la raison sauront lui faire accepter cette rebuffade.

Comme dans la réalité, les rois et les princes inventés par Perrault traversent des vicissitudes que même leur statut élevé ne peut leur épargner. Ils doivent malheureusement abandonner le trône pour guerroyer contre leurs voisins, mais attention, comme dans la vraie vie, ils doivent se méfier de ceux et celles à qui ils confient la régence du royaume. C'est ce qu'on observe dans *La Belle au bois dormant* : « [...] le roi alla faire la guerre à l'empereur Cantalabutte son voisin. Il laissa la régence du royaume à la reine sa mère, et lui recommanda fort sa femme et ses enfants : il devait être à la guerre tout l'été, et dès qu'il fut parti, la reine-mère envoya sa bru et ses enfants à une maison de campagne dans les bois, pour pouvoir plus aisément assouvir son horrible envie » (l. 201-206).

Les arts : baroque, classicisme et querelle des Anciens et des Modernes

On parle souvent du XVII⁽ᵉ⁾ siècle comme du siècle classique. En vérité, le classicisme ne s'imposa vraiment que de 1661 à 1685 environ. Avant 1661, on note une lente évolution de l'art baroque, libre et exubérant, vers une codification, un assagissement, une régularité qui mettront 30 ou 40 ans à s'élaborer, constituant ce qu'on appellera plus tard le classicisme. Vers 1685, on commence déjà à contester les règles, et peut-être plus encore ceux qui les ont imposées en littérature, en musique, en architecture, en peinture, bref dans tous les domaines artistiques ; c'est cette contestation qu'on appelle la querelle des Anciens et des Modernes. Il reste que, dans ce quart de siècle, à l'instigation d'un jeune roi intéressé aux arts, puissant et suffisamment riche pour encourager les artistes qui lui plaisent et qui glorifient son règne, on assiste à une éclosion artistique considérable, sans doute la plus remarquable de l'histoire française. Il faudrait des pages pour énumérer les noms de ceux et celles qui ont produit à cette époque une œuvre inoubliable : le théâtre de Corneille, de Racine et de Molière, les *Fables* de La Fontaine, les romans de M⁽ᵐᵉ⁾ de La Fayette, les *Pensées* de Pascal, le *Discours de la méthode* de Descartes, les *Sermons* de Bossuet, *Les Caractères* de La Bruyère, *Les Maximes* de La Rochefoucauld, la musique de Lully, de Charpentier et de Marais, les sculptures de Girardon et de Coysevox, les toiles de Poussin et des frères Le Nain, les châteaux édifiés par Hardouin-Mansart ou décorés par Le Brun, les forteresses érigées par Vauban, les jardins dessinés par Le Nôtre…

La détermination des classiques à ordonner et à réglementer la création artistique n'est pas étrangère à la volonté de Louis XIV de tout organiser et de diriger dans son royaume. Il n'est plus question, comme à l'époque baroque, de laisser la seule imagination maîtresse de la beauté et du bon goût. On doit l'encadrer, la délimiter, lui imposer la mesure, la raison et la logique. Le respect de ces cadres, de ces limites et de ces règles assure, croit-on, la production d'œuvres

Vue aérienne de Versailles (1990).
Robert Polidori (né en 1951).

universelles, éternelles. Ces règles sont surtout formelles, chaque art étant soumis au test du beau et à l'autorité de maîtres, passés ou actuels. Dans le domaine littéraire, des théoriciens élaborent des préceptes inspirés des auteurs de l'Antiquité grecque et romaine. Le plus connu de ces théoriciens, auteur de *L'Art poétique*, Nicolas Boileau (1636-1711), s'inspire d'Anciens comme Platon, Aristote (Grèce, IVe siècle avant notre ère) et Horace (Rome, Ier siècle avant notre ère), ainsi que d'auteurs plus contemporains comme Joachim du Bellay (1522-1560) et François de Malherbe (1555-1628) afin d'établir les lois qui régissent chaque genre : tragédie, comédie, épopée, ode, sonnet, etc. Certains des principes de composition classiques marqueront pour des siècles la littérature : l'alexandrin (vers de 12 syllabes) restera pour des générations de poètes le plus prisé des vers ; la célèbre règle des « trois unités » (de temps, de lieu et d'action) encadrera longtemps la création théâtrale. Le tout est enrobé de principes relatifs au bon goût, au respect de la nature et du naturel, à l'observance de la bonne moralité et de la bienséance ainsi qu'à la défense de l'ordre social. Ce sont ces mêmes règles que contesteront les auteurs qui prendront part à la querelle des Anciens et des Modernes. Surtout à partir de 1685, où la controverse se rend jusque dans les murs de l'Académie française. Dans cette auguste enceinte, en effet, ces principes avaient commencé à s'imposer en 1637, lors de la querelle sur *Le Cid* de Corneille (1606-1684), qui a mené à la codification du théâtre « régulier », c'est-à-dire conforme aux règles.

Louis XIV joue-t-il un rôle dans le triomphe de l'art classique ? Difficile à dire, quoique la mainmise du Roi-Soleil dépasse largement le domaine politique. Le roi veille non seulement aux affaires économiques, politiques et militaires, mais aussi aux questions de goût, de mode, d'art. Le roi apprécie tel poète, tel architecte, tel musicien ? Voilà la popularité de l'artiste assurée. Le roi porte tel article vestimentaire, ajoute tel pas à une danse, s'émeut pour telle œuvre ? La mode est lancée : chacun se vêt, danse et applaudit comme lui. De là à affirmer que le classicisme, c'est le roi, il n'y a qu'un pas. Reste que Louis XIV a accueilli et entretenu une foule de poètes, de dramaturges, d'historiens, de biographes, de peintres, de musiciens, d'architectes, de jardiniers, etc., dont le seul rôle était de le glorifier, de traduire dans leurs créations la grandeur de son règne. Néanmoins, le roi voit d'un mauvais œil le mécénat privé. L'arrestation de Fouquet en 1661 et sa condamnation en 1664 en témoignent : après un banquet trop fastueux à son château de Vaux-le-Vicomte, il est accusé de corruption et jeté en prison. Les artistes qu'il protégeait (les écrivains La Fontaine et Molière, les peintres Poussin et Le Brun, entre autres) doivent passer au service du roi ou trouver un autre protecteur. Le roi établit un système de « pensions » qui lui attache les artistes plutôt que de les laisser, dans les mains de riches mécènes, chanter leur gloire plutôt que la sienne. Jusqu'à la révolution de 1789, l'État français protégera et subventionnera les arts et les artistes qui plairont au roi et à la cour.

LES ARTS DANS LES *CONTES*

Perrault est l'un des bénéficiaires de cette générosité royale. Avec l'appui de son frère Pierre, il entre en 1654 dans la haute fonction publique, servant successivement sous d'importants ministres comme Fouquet et Colbert jusque vers 1680. Parallèlement, en 1671, il entre à l'Académie française, où peu à peu il prend parti pour les Modernes dans la querelle qui les oppose aux Anciens. Cela n'empêche pas le conteur de rendre grâce au monarque de sa générosité. La description du soutien accordé par le roi du conte *Peau d'Âne* idéalise bien le règne de Louis XIV :

> « Il était une fois un roi,
> Le plus grand qui fût sur la terre,
> Aimable en paix, terrible en guerre,
> Seul enfin comparable à soi :
> Ses voisins le craignaient, ses États étaient calmes,
> Et l'on voyait de toutes parts
> Fleurir, à l'ombre de ses palmes,
> Et les vertus et les beaux arts » (v. 21-28).

Au XVIIe siècle, la littérature conjugue plaisir et enseignement : c'est bien sûr un objet de beauté, mais qui doit servir le pouvoir et la morale. Les *Contes* de Perrault, comme les *Fables* de La Fontaine ou les tragédies de Racine, entre autres, présentent un point de vue éminemment moral, défendant le bon goût, les bienséances et l'autorité royale aussi bien que les valeurs morales chrétiennes. L'auteur y incite à la vertu et condamne les excès. Il répond ainsi au souhait exprimé par Descartes dans son fameux *Discours de la méthode,* ouvrage philosophique qui constitue l'un des fondements de la doctrine classique. Dans une partie de son ouvrage consacrée aux règles, aux obligations et aux valeurs, Descartes fait valoir la modération, idée clé de l'idéal de l'« honnête homme ». Pour le philosophe, les excès sont mauvais : « [Je voulais], retenant constamment la religion en laquelle Dieu m'a fait la grâce d'être instruit dès mon enfance, me [gouverner] en toute chose suivant les opinions les plus modérées et les plus éloignées de l'excès. [...] Et entre plusieurs opinions également reçues, je ne choisissais que les plus modérées : tant à cause que ce sont toujours les plus commodes pour la pratique et vraisemblablement les meilleures, tout excès ayant coutume d'être mauvais [1]. » De plus, si la morale varie selon les lieux et les époques, Descartes propose de suivre celle du pays où l'on vit. Pour lui, éviter les excès, choisir une attitude « modérée », implique obligatoirement de donner la primauté à la raison.

La langue

La langue a suscité, au cours du XVIIe siècle et même jusqu'à nos jours, des débats aussi passionnés que ceux portant sur les règles artistiques. Quelle langue, en effet, privilégier dans les textes littéraires et dans les autres formes de communication écrite ? Il est bon de rappeler deux faits, concernant le début du siècle : premièrement, le français n'est encore qu'un des quelque 300 dialectes parlés en France, le plus important certes, car c'est celui du roi, de la cour et de Paris ; deuxièmement, ni les grammaires ni les dictionnaires n'existent. Ce sera l'un des grands projets de l'époque de faire du français la langue nationale et de lui donner des ouvrages linguistiques pour le devenir. Le seigneur de Vaugelas édite la première grammaire en 1647, et encore ne porte-t-elle que le titre de *Remarques sur la langue française.* Le premier dictionnaire, une œuvre d'Antoine Furetière, est publié en 1690, puis

---

1. *Discours de la méthode,* p. 41-42.

paraît celui de l'Académie française en 1694, quelque 60 ans après la fondation de l'institution. Dans un contexte où les auteurs travaillent à peu près sans ouvrages de référence, le choix des mots, les accords, la construction des phrases posent des problèmes de taille.

La langue qui servira finalement de référence est celle de la cour, du roi et de son entourage, donc la langue de la couche aisée et dirigeante de la société parisienne, celle que Malherbe avait commencé à imposer dès 1605. Pas le parler brut de l'ouvrier et du petit-bourgeois. Pas le patois grossier du paysan, de l'artisan et de l'homme du peuple. Pas le langage technique du spécialiste. C'est la langue raffinée de l'aristocrate, le vocabulaire généraliste des dirigeants et des maîtres, le beau langage de l'«honnête homme» qui fera son chemin dans les dictionnaires et les grammaires.

Deux tendances s'affrontent avant de voir le triomphe de, disons, cette «voie du milieu»: préciosité et burlesque. Les précieux, et surtout les précieuses, ont tenté d'imprimer à la langue un raffinement excessif, une recherche outrancière de mots et d'expressions qui distinguent les «gens de qualité» du simple peuple. Les burlesques voulaient plutôt une langue riche de toutes ses variétés, aussi bien populaires que nobles, familières que recherchées. Les uns méprisaient la langue du peuple, les autres voulaient la mettre sur le même plan que celle de la noblesse dans les dictionnaires. Ce débat a laissé des marques profondes dans toutes les sociétés francophones, où l'on met en opposition le «bon» langage du dictionnaire au «mauvais» parler populaire, encore de nos jours.

L'ÉTAT DE LA LANGUE, LA LANGUE DE L'ÉTAT

Le français n'est donc pas la langue de l'ensemble de la population du royaume au XVIIᵉ siècle, loin de là. Le français est surtout employé en Île-de-France, c'est-à-dire dans la région parisienne. Dans le reste de la France, le peuple peu scolarisé parle une foule de dialectes et de patois plus ou moins proches du français, dont on trouve encore des traces dans les accents régionaux ou dans des parlers (breton et occitan, entre autres) qui ont survécu jusqu'à aujourd'hui au rouleau compresseur de l'idiome dominant. Si de nombreux facteurs ont contribué à faire du français la langue nationale, deux semblent primordiaux : la fondation de l'Académie française en 1635, et le rassemblement de la noblesse à Versailles dans le dernier quart du siècle.

L'autoritarisme royal atteint un sommet sous Louis XIII et Louis XIV. La paix et l'unité du royaume sont assurées, ce qui permet l'épanouissement de la connaissance, de la culture, des arts et des sciences, sous l'égide du gouvernement central et sur le modèle de l'uniformisation politique. Le gouvernement royal cherche à consolider son rayonnement en utilisant les arts et la langue en tant que symboles du pouvoir. Le roi ne cherche pas vraiment à exercer sa domination sur la langue, mais plutôt à se servir de sa langue comme instrument de pouvoir. En fondant l'Académie française, il donne l'impulsion à un projet d'unification du français. En effet, les 40 « immortels » qui y sont nommés ont pour mission, entre autres, de donner au français des instruments de diffusion, à savoir un dictionnaire et une grammaire. À l'époque, c'est une nouveauté, presque une révolution, permise par l'usage croissant de l'imprimerie. Seul le français, parmi les dialectes alors parlés en France, possède d'aussi puissants outils de promotion. Bientôt, les autres royaumes européens en imitent le modèle pour leurs langues nationales.

Sans avoir été directement recrutée par le roi, la noblesse participe à la diffusion et à la notoriété de la langue française. De toutes les provinces du pays, les nobles, attirés par le roi à Versailles, se conforment à la vie de la cour, organisée autour du roi, selon des règles bien précises. Chacun doit respecter un code vestimentaire, protocolaire et linguistique. Pour communiquer avec le roi, on s'adresse à lui dans sa langue, par crainte d'être vu comme un provincial ou un inculte. Parce que la connaissance du français leur permet de bénéficier de certains avantages, les nobles l'apprennent, encouragent son enseignement dans leur entourage, diffusent son emploi dans toutes les provinces. Dans les régions qu'ils administrent, ils font en sorte que la justice, la législation, l'instruction scolaire, etc., se servent désormais du français, et non plus du latin ou des dialectes locaux. Ils contribuent donc à propager peu à peu cette langue savante, noble et pure, et à répandre l'idée que les parlers régionaux sont populaires, vulgaires, imprécis.

LES SALONS, LA LANGUE ET LA THÉORIE CLASSIQUE

Les salons comptent parmi les lieux de discussion où s'élaborent progressivement les diverses théories littéraires et artistiques du XVIIᵉ siècle. Les plus célèbres accueillent des gens de la noblesse, de la haute bourgeoisie, mais surtout des esprits cultivés qui échangent sur tous les sujets concernant le « bon goût », de la mode à l'architecture, de la peinture à la musique, sans oublier bien sûr la langue et la littérature. Les salons ne sont pas ouverts qu'à la noblesse. Tout savant, tout érudit, tout « honnête homme » qui maîtrise l'art de la conversation ou dont l'œuvre présente un intérêt peut y être invité. L'aristocratie de l'esprit y prévaut sur la noblesse du sang.

Les nobles, et tout particulièrement les femmes nobles, manifestent durant tout le siècle un intérêt passionné pour la langue et la littérature. Le phénomène des salons en est une preuve éclatante. Plusieurs tiennent en effet dans leur maison parisienne des rencontres où l'on discute abondamment de tous les sujets à la mode, l'amour et la psychologie, bien sûr, mais aussi toutes les questions en lien avec la vie en société. Parmi ces nombreux salons, on retiendra surtout ceux tenus par la marquise de Rambouillet (1588-1655) et par Mˡˡᵉ de Scudéry (1607-1701). Les meilleurs esprits de la société mondaine participent à ces discussions d'où naîtront les idées de perfection et de bon goût en matière littéraire et linguistique. On tente d'y échanger avec justesse et correction, dans une langue pure et distinguée, que reprendront les œuvres littéraires de l'époque.

Portée à son comble, cette tendance donnera naissance à la préciosité, une manière affectée et distinctive de s'exprimer. Les « précieuses » emploient une langue plus que soignée, une langue qui les distingue du peuple et des gens ordinaires par des formules brillantes et des traits d'esprit éblouissants. Elles bannissent donc de leur langage tout mot ou expression vulgaire et inventent des tours, des figures de style (métaphores, périphrases, euphémismes, etc.) qui marquent leur rang. En raison du fait que ce sont des femmes qui ont insufflé aux salons leur dynamisme, on peut presque parler de la préciosité comme d'un mouvement féministe qui influença le siècle entier. Écartées pour ainsi dire du pouvoir temporel, les femmes embrassent la culture, la langue et la littérature et se garantissent une quasi-mainmise sur ces domaines. C'est probablement pour cette raison que les termes techniques précis (ceux de la guerre, du chantier, du commerce ou de l'industrie, etc., domaines essentiellement masculins) sont bannis du langage précieux et, par ricochet, de la langue littéraire classique. On notera, à l'opposé, la richesse et la variété de la langue amoureuse et psychologique.

Les salons et la préciosité dans les *Contes*

C'est aux salons littéraires précieux que fait allusion Perrault dans les premiers vers des *Souhaits ridicules*. Pas question de s'attarder à des sujets vulgaires, symbolisés ici par le boudin. Il faut parler de choses sérieuses, comme la tendresse et l'amour :

> « "Une aune de boudin, ma chère !
> Quelle pitié ! c'est une horreur !"
> S'écriait une précieuse,
> Qui, toujours tendre et sérieuse,
> Ne veut ouïr parler que d'affaires de cœur » (v. 6-10).

De même, dans *Riquet à la houppe,* le conteur résume la fascination des gens de son temps pour les personnes qui manient avec aisance la langue et les idées :

> « Quoique la beauté soit un grand avantage chez une jeune femme, cependant la cadette l'emportait presque toujours sur son aînée dans toutes les compagnies. D'abord on allait du côté de la plus belle pour la voir et pour l'admirer, mais bientôt après, on allait à celle qui avait le plus d'esprit, pour lui entendre dire mille choses agréables ; et on était étonné qu'en moins d'un quart d'heure l'aînée n'avait plus personne auprès d'elle, et que tout le monde s'était rangé autour de la cadette. L'aînée, quoique fort stupide, le remarqua bien, et elle eût donné sans regret toute sa beauté pour avoir la moitié de l'esprit de sa sœur » (l. 41-50).

Même laide, la jeune fille à l'esprit vif fait l'unanimité. On imagine qu'il en allait de même dans les salons précieux du temps.

La magie et la science

L'évolution de la science fait du XVIIe siècle une époque de transition et de contradiction : les croyances traditionnelles sont encore bien vivantes, en même temps que s'affirment peu à peu les sciences modernes. L'alchimie, les remèdes de bonne femme et les superstitions populaires côtoient les sciences naissantes : physique, chimie, astronomie…

N'oublions pas qu'on condamne encore les sorcières à périr au bûcher, comme au Moyen Âge et à la Renaissance : la plus célèbre chasse aux sorcières de tous les temps a d'ailleurs pris place à Salem, aux États-Unis, en 1692. Au bûcher aussi on brûle les hérétiques, c'est-à-dire ceux qui remettent en question le dogme catholique et les lois de la sainte Église. Si cela prouve la survivance de pseudo-connaissances et de traditions occultes, cela révèle aussi le rôle de l'Église dans la persécution non seulement des sorciers et des sorcières, mais aussi de savants véritables dont les découvertes s'opposent aux révélations divines. De nombreux scientifiques, en effet, se trouvent dans l'inconfortable position de contredire les croyances et les dogmes religieux. Le cas de Galilée (1564-1642) est, sous ce rapport, tristement révélateur. Grâce à la première lunette astronomique, il constate, à l'instar de Copernic (1473-1543), que la Terre n'est pas le centre du monde, que notre planète n'est qu'une parmi d'autres qui tournent autour du Soleil. L'Inquisition, tribunal ecclésiastique chargé de réprimer les crimes contre l'Église, force l'astronome à se récuser et l'assigne à résidence jusqu'à sa mort. En cette période où le nombre de protestants est à la hausse, l'Église romaine ne peut laisser s'insinuer dans les esprits le doute, serait-il d'origine scientifique. C'est pourquoi elle persécute, en même temps que les hérétiques, tous ceux et celles qui répandent l'incertitude au sujet de la parole biblique.

Ce siècle, malgré tout, voit la science véritable progresser et s'imposer. L'invention de nouveaux instruments de connaissance de l'univers le montre bien : le télescope et le microscope, qui explorent l'infiniment

grand et l'infiniment petit; les premières pendules et montres; le ther-
momètre et le baromètre, qui permettent des relevés météorologiques
précis; les premières calculatrices mécaniques, entre autres celle de
Pascal (1623-1662), considérée comme un lointain ancêtre de nos ordi-
nateurs; la machine à vapeur, invention de Papin (1647-1714), qui plus
tard propulsera la révolution industrielle. On découvre la pression
atmosphérique, la diffraction et la décomposition de la lumière, la cir-
culation sanguine, les principes de la gravitation... et le fameux cham-
pagne! Sans compter que les voyages des explorateurs et la colonisation
permettent l'introduction en Europe de nombreux végétaux et produits
inconnus jusqu'alors: patate, tabac, caoutchouc, maïs, café... Les physi-
ciens et les mathématiciens sont aussi philosophes: Descartes (1596-
1650) établit les bases de la méthode scientifique dans son *Discours de la
méthode*; Leibniz (1646-1716) et Newton (1642-1727), codécouvreurs du
calcul différentiel, remettent tout en question, obligés qu'ils se sentent
de soumettre le monde à l'œil de la science. Et toutes ces connaissances
bénéficient d'un moyen de diffusion de plus en plus efficace à mesure
que se perfectionne l'imprimerie.

LA MAGIE ET LA SCIENCE DANS LES *CONTES*

Pas de doute possible: c'est la magie qui domine dans les *Contes*. Des
fées jettent des sorts, des animaux magiques donnent de l'or ou parlent
aux humains, des monstres, des ogres ou des hommes à la barbe bleue
menacent les gens ordinaires. Le bûcheron des *Souhaits ridicules* voit
se réaliser trois de ses vœux. La princesse de *Peau d'Âne* transporte
« [t]oujours sous la terre cachée » (v. 239) la cassette remplie de ses
belles robes et précieuses parures. Le petit Poucet peut voler les bottes
de sept lieues, car elles ont « le don de s'agrandir et de s'apetisser selon
la jambe de celui qui les chauss[e] » (l. 259-260). Les exemples sont si
nombreux qu'il importe peu de les multiplier. Après tout, n'est-ce pas
le propre des contes de faire la part belle au merveilleux, à l'étonnant,
au magique?

Mais la science, à tout le moins sous la forme de découvertes
récentes ou de connaissances modernes, a-t-elle trouvé le moyen de
s'insinuer dans les textes de Perrault? Dans une certaine mesure, oui.

Prenons le cas « des miroirs où l'on se voyait depuis les pieds jusqu'à la tête » (l. 47-48) dans *La Barbe bleue*. Objets pour nous anodins, ils constituent, pourrait-on dire, l'une des merveilles de la science de l'époque. La république de Venise détenait le secret de fabrication du verre de grande surface permettant de créer des fenêtres et des miroirs aux dimensions jamais vues à ce jour. Les autorités préservaient jalousement ce secret, qui assurait l'exclusivité commerciale de la Cité des Doges sur ce produit que les Vénitiens exportaient sans rivalité partout en Europe. En ordonnant la construction de Versailles, Louis XIV désirait encourager l'implantation et le développement d'industries nouvelles en France. Ce palais serait la vitrine de la science et de la technologie de son pays en même temps que la preuve éclatante de la magnificence de son règne. Il aurait envoyé ses espions en Italie ravir ce secret. C'est donc grâce à du verre et à des miroirs français que ses architectes ont pu concevoir la fameuse galerie des Glaces : cette longue pièce est bordée d'un côté de larges fenêtres et de l'autre, juste en face, de miroirs qui doublent l'espace et la lumière. Aux yeux des gens de l'époque, l'effet passait pour magique !

« On mit devant chacune d'elles un couvert magnifique, avec un étui d'or massif, où il y avait une cuiller, une fourchette, et un couteau » (*La Belle au bois dormant*, l. 11-13). La fourchette aurait été introduite en France au xvie siècle par Catherine de Médicis, épouse d'Henri II. Cependant, 100 ans plus tard, sous Louis XIV, son emploi était encore très limité, le roi préférant manger avec les doigts. Ce simple ustensile avait lui aussi, donc, des airs d'invention merveilleuse, du moins dans les classes sociales inférieures, car les nobles restèrent longtemps les seuls à en faire usage.

Il faut bien l'avouer, en somme Perrault n'accorde pas une grande place aux inventions récentes dans ses *Contes,* lui qui pourtant ne tarit pas d'éloges sur la science et la technique de son temps dans certaines de ses autres œuvres. Tant dans *Parallèle des Anciens et des Modernes* que dans *Les hommes illustres qui ont paru en France pendant ce siècle, avec leurs portraits en nature,* il énumère les inventions avant-gardistes qui, selon lui, prouvent la supériorité des Modernes sur les Anciens.

QUI ÉTIEZ-VOUS MONSIEUR PERRAULT ?

Sans doute les *Contes* de Perrault comptent-ils parmi les œuvres les plus illustres de la littérature universelle. Mais que sait-on de la vie de leur auteur ? On les appelle les *Contes de Perrault,* comme on les appelle les *Contes de ma mère l'Oye,* sans se demander si ce Perrault ou cette mère l'Oye sont des personnages réels ou fictifs. Ce vieillard, cette mère-grand, peut-on leur donner un visage, une famille, des amis, un métier ? Eh bien, oui ! Charles Perrault a bel et bien existé.

La jeunesse dorée (1628-1654)

Il naît à Paris le 12 janvier 1628, en même temps qu'un frère jumeau qui meurt en juillet de la même année ; ils sont sixième et septième enfants d'une famille bourgeoise aisée. Son père, Pierre Perrault, avocat au parlement de Paris, a les moyens de faire instruire ses cinq fils, qui accéderont tous à de brillantes carrières : l'aîné, Jean, est avocat [1] ; Pierre (1611-1679) sera receveur général des Finances ; Claude (1613-1688) est à la fois médecin et architecte ; Nicolas (1624-1662), théologien, est passionné de sciences et de mathématiques ; quant à Charles (1628-1703), avocat qui ne plaidera à peu près jamais, il fera valoir son talent comme haut fonctionnaire, comme membre de l'Académie française, de l'Académie des Inscriptions et Belles-Lettres et, bien sûr, comme auteur.

Il commence vers 1636 des études au collège de Beauvais, à Paris, où il passe pour excellent élève. Trop peut-être, car il se brouille avec l'un de ses maîtres, qui veut le faire taire dans un débat où il prend trop de place parce qu'il connaît parfaitement le sujet. Il claque la porte du collège en 1643, sans faire pourtant l'école buissonnière, car il poursuit ses études en autodidacte. Il obtient son diplôme d'avocat de l'université d'Orléans en 1651. Peu après, en 1652, son père meurt. De cette période datent ses premiers textes, écrits avec l'un ou l'autre de ses frères, ou encore avec l'un de ses amis. Ce sont surtout des œuvres à la mode burlesque.

---

1. Nous n'avons trouvé aucune autre information sur lui, pas même ses dates de naissance et de mort, pas plus que sur sa sœur, Marie.

Le haut fonctionnaire et académicien (1654-1683)

Son frère aîné Pierre, receveur général des Finances de Paris, l'introduit dans les milieux de la haute fonction publique et le présente à Fouquet, l'un des principaux ministres de Louis XIV. Il gravit progressivement les échelons, passant de simple commis en 1654 à contrôleur des Bâtiments de sa majesté, poste qu'il occupera jusqu'à ce qu'il y soit remplacé par le fils du ministre Colbert en 1680. Ainsi, il participe à l'entretien, à la rénovation et à la construction d'édifices royaux. Encore aujourd'hui, on appelle «colonnade Perrault» une façade du Louvre, palais de Louis XIV à Paris, qu'il aurait fait construire sur des plans de son frère Claude, l'architecte de la famille. Il est en outre secrétaire de la petite Académie (ou «petit conseil»), plus tard appelée Académie des Inscriptions et Belles-Lettres. À ce titre, il collabore, entre autres, au choix des inscriptions sur les monuments.

En parallèle, il poursuit sa carrière littéraire, publiant surtout des œuvres galantes ou des poèmes de circonstance. Parmi les premières, un *Dialogue de l'amour et de l'amitié* ainsi que *Le Miroir ou la Métamorphose d'Orante*. Parmi les seconds, on peut noter, par exemple, son *Ode sur la paix* (1659) et son *Ode sur le mariage du roi* (1660) : il était de bon ton, pour un artiste, de faire l'éloge du roi ou de quelque seigneur puissant, qui pouvait non seulement lui fournir protection mais aussi mousser sa popularité dans les classes sociales aisées. Ainsi, les poètes célébraient les victoires militaires, les mariages et les naissances dans la famille royale, la guérison des princes et des dames de haut rang, dans l'espoir de se distinguer.

Il produit encore des œuvres qui nous paraissent aujourd'hui étranges, comme *Le Labyrinthe de Versailles* (1675). Dans les jardins du château de Versailles, l'architecte Le Nôtre a dessiné un bosquet orné de fontaines représentant les fables d'Ésope. Perrault écrit 41 courtes fables accompagnées de moralités, qui sont disséminées dans ce bosquet et destinées à l'éducation du Dauphin, fils de Louis XIV né en 1661 et héritier du trône. Le bosquet sera détruit 100 ans plus tard, mais les textes nous sont parvenus. À titre d'exemple et de comparaison avec La Fontaine, voici un court délice, *Le Lièvre et la Tortue* :

« Un Lièvre s'étant moqué de la lenteur d'une Tortue, de dépit elle le défia à la course. Le Lièvre la voit partir et la laisse si bien avancer, que quelques efforts qu'il fît ensuite, elle toucha le but avant lui.

Trop croire en son mérite est manquer de cervelle,
Et pour s'y fier trop, maint amant s'est perdu.
Pour gagner le cœur d'une Belle,
Rien n'est tel que d'être assidu. »

Et puis déjà on voit poindre le polémiste de la future querelle des Anciens et des Modernes. Il défend la culture française, qu'il considère égale sinon supérieure à la culture antique, idée qui va à l'encontre d'une opinion très répandue en son temps. À son époque, en effet, on vénère les Anciens, c'est-à-dire les Grecs et les Romains de l'Antiquité, qui auraient atteint une perfection, un degré d'excellence et de savoir-faire qu'on doit imiter, mais qu'on ne peut surpasser. Timidement d'abord, puis avec de plus en plus de fougue, il met son talent d'écrivain au service des artistes contemporains. Dans son poème *La Peinture* (1668), par exemple, il fait l'éloge des peintres qui, comme Le Brun, servent la grandeur du roi. Dans la *Critique de l'opéra ou Examen de la tragédie intitulée* Alceste ou le Triomphe d'Alcide (1674), il prend la défense des auteurs, Quinault pour le texte et Lully pour la musique, pourfendus par les partisans des Anciens pour avoir supposément travesti Euripide, l'auteur de l'Antiquité à l'origine du sujet. Il se fait des ennemis puissants chez les tenants des Anciens : Boileau, auteur de *L'Art poétique*, et Racine, qui s'apprête à présenter une tragédie sur un sujet voisin, *Iphigénie*. Ses ennemis ont trouvé chaussure à leur pied : Charles Perrault a en effet été élu à l'Académie française en 1671, c'est l'un des « 40 immortels » qui ont le plus de pouvoir en matière de langue et de littérature en France.

Sa vie personnelle, plus ou moins reléguée aux oubliettes pendant des années, semble s'organiser. À 44 ans, en 1672, il épouse une jeune femme de 19 ans, Marie Guichon. Ils auront une fille en 1673 ou 1674, puis trois fils : Charles-Samuel en 1675, Charles en 1676 et Pierre en 1678. Sa jeune épouse, par malheur, meurt la même année. Le malheur n'arrivant jamais seul, son influence en tant que haut fonctionnaire décline : il doit céder son poste aux Bâtiments royaux au fils de Colbert, puis le marquis de Louvois, ministre de la Guerre, voulant avoir sa tête, l'évince de son poste à la petite Académie. C'est la fin de sa carrière, mais Perrault est loin d'être un homme fini.

Le retraité (1683-1703)

Sans emploi mais indépendant de fortune, et toujours membre de l'Académie, Perrault croit alors pouvoir prendre une retraite bien méritée et s'occuper de ses quatre jeunes enfants, tous âgés de moins de 10 ans. D'ailleurs, dans ses *Mémoires de ma vie* (posthume), il écrit : « Me voyant libre et en repos, je songeai qu'ayant travaillé avec une application continuelle pendant [plus] de vingt années et ayant cinquante ans passés, je pouvais me reposer avec bienséance et me retrancher à prendre soin de l'éducation de mes enfants [1]. » Mal lui en prit, car il s'engage dans la période la plus active, et peut-être la plus productive, de sa vie !

Il commence à travailler sur *Saint Paulin, évêque de Nole* (1686), poème en six chants qui aurait pu passer pour anodin, voire tomber dans l'oubli le plus total s'il ne défendait un argument essentiel pour l'auteur : en élaborant une morale chrétienne, les contemporains de Perrault ont dépassé les Anciens, qui se fondaient sur une morale païenne ! En plein climat de répression religieuse [2], Perrault invoque la religion pour faire passer une idée qui lui tient à cœur depuis longtemps. Il récidive dès 1687, au sein même de l'Académie, où il présente son poème *Le Siècle de Louis le Grand*. La querelle des Anciens et des Modernes, qui couvait depuis des années, mais avait été reléguée aux oubliettes avec le triomphe des classiques vers 1660, est relancée de plus belle. Les rivaux s'affrontent à coups d'articles, de livres, d'épigrammes, voire de menaces physiques. Quand ses ennemis ridiculisent son *Épître au Génie,* il riposte par son *Parallèle des Anciens et des Modernes* en quatre volumes, parus entre 1688 et 1697. En effet, les preuves s'accumulent, les progrès sont si considérables dans tous les domaines des sciences et des arts que plus personne ne

---

1. Cité par Marc Soriano, *Le Dossier Charles Perrault*, p. 191.
2. Par la révocation de l'édit de Nantes (1685), Louis XIV entend unifier la France dans la foi catholique ; sont condamnés aussi bien les protestants que les jansénistes (des catholiques ultraorthodoxes).

peut nier l'évidence : le siècle de Louis XIV a surclassé celui d'Auguste (1er siècle de notre ère). Le tome 4 de cet ouvrage porte d'ailleurs le sous-titre suivant : *Où il est traité de l'astronomie, de la géographie, de la navigation, de la guerre, de la philosophie, de la musique, de la médecine, etc.* Enfin, il fait paraître en 1696 et en 1700 les deux tomes de l'essai *Les hommes illustres qui ont paru en France pendant ce siècle, avec leurs portraits en nature,* toujours avec l'intention de montrer la supériorité des Modernes. On le voit, ce n'est pas une période de repos pour l'auteur qui, bien au contraire, croit élaborer l'œuvre de sa vie en défendant ses contemporains.

Tout en continuant à écrire des œuvres de circonstance, par exemple l'« Épître dédicatoire » pour la parution du *Dictionnaire* de l'Académie (1694), il publie en 1691 un premier conte en vers, *La Marquise de Salusses ou la Patience de Griselidis,* mieux connu sous le titre plus simple de *Griselidis.* Deux autres contes en vers suivent, *Les Souhaits ridicules* et *Peau d'Âne,* et les trois sont réunis dans un volume paru en 1694. Puis un certain P. Darmancour signe les *Histoires ou Contes du temps passé, avec des moralités,* qui paraissent en 1697. Le succès est immédiat, mais aussi la querelle de paternité : Perrault a-t-il ou non écrit les *Contes* ? Qui est ce P. Darmancour ? Simplement le dernier fils de Charles, Pierre Perrault d'Armancour, alors âgé de 19 ans. Le père et le fils ont-ils voulu faire une blague au public ? Le jeune Pierre a-t-il d'une quelconque manière participé à la rédaction des contes ? Le sérieux académicien avait-il honte de cette œuvre « pour enfants » ? L'énigme restera complète jusqu'à la fin des temps, car Pierre meurt à la guerre en 1700 et Charles, à un âge vénérable dans la nuit du 15 au 16 mai 1703. Ainsi disparaît celui qui croyait passer à l'histoire pour son rôle déterminant dans la querelle des Anciens et des Modernes, mais que chacun reconnaît comme l'auteur des plus célèbres contes pour enfants jamais publiés. Mais, au fait, le titre si célèbre et maintes fois utilisé, *Contes de ma mère l'Oye,* d'où vient-il ? Simplement d'une illustration accompagnant l'édition de 1697, souvent reproduite depuis, où l'on aperçoit, au coin du feu, une vieille dame entourée d'enfants, filant sa laine à la lueur d'une chandelle. Au-dessus de sa tête, une affiche se lit : CONTES DE MA MERE LOYE.

L'ŒUVRE EXPLIQUÉE

Aux sources du conte

LES SOURCES ORALES ET POPULAIRES

Sur un aspect au moins, les spécialistes s'entendent : les contes sont d'origine populaire et de tradition orale, ils sont nés dans le peuple, pauvre et peu scolarisé, et n'ont connu de version écrite que tardivement, sous la plume d'écrivains qui, pour la plupart, étaient des lettrés appartenant à la classe dirigeante. L'invention de ce genre littéraire revientelle à quelques grands-mamans, composant de jolies histoires qui se terminent bien, pour agrémenter les soirées des tout-petits ou pour favoriser les rêves agréables ? Si l'on ne connaissait qu'une seule version de chaque conte, on pourrait en retracer l'origine, remonter jusqu'à son auteur original : tel conte vient de tel village et n'a été conté que là, transmis de génération en génération ; tel autre, de telle autre province ou contrée, etc. Ce n'est évidemment pas le cas. Il existe, pour un conte donné, de multiples versions adaptées en diverses langues aux préférences nationales et aux goûts du jour. Chaque conteur, chaque conteuse devient en partie auteur : une légère variation s'ajoute ici, mais non là-bas, et ainsi de suite. Pour illustrer le fait qu'il s'agit de sujets quasi universels, dont on trouve des variantes dans de nombreuses cultures, même très éloignées les unes des autres, nous avons inclus, dans le présent ouvrage, quelques versions de *Cendrillon* et du *Petit Chaperon rouge*. Peut-être même existe-t-il une Cendrillon africaine ou un Chaperon rouge chinois ! Plus tard, des écrivains ont inventé leur propre variation sur un thème connu. Voyez comme le Québécois Jacques Ferron offre une vision assez ironique d'un sujet qu'on pourrait croire usé.

La preuve la plus flagrante de la migration des contes est sans nul doute *Les Mille et Une Nuits*, recueil de contes d'origine arabe. Publiées en français à l'époque de Perrault, ces histoires ont connu une popularité telle que tout le monde connaît au moins les noms de quelquesuns de leurs héros : Ali Baba, la princesse Schéhérazade, Sindbad le Marin, Aladin… Ces sujets s'en trouvent-ils pour autant figés pour l'éternité ? Pas du tout, comme en font foi les films, les dessins animés et les émissions de télé qui les reprennent, parfois en les modifiant généreusement. Ce ne sont plus des récits persans, égyptiens, irakiens… ils appartiennent maintenant à l'humanité entière, car ils parlent un langage universel.

Quelle que soit notre origine, quel que soit notre âge, nous sommes tous subjugués par la féerie des contes, par leur beauté envoûtante, par leurs péripéties invraisemblables. Même lorsqu'on en connaît tous les méandres, on en redemande. Pour avoir acquis une popularité si universelle, ils doivent répondre à des besoins profonds, faire résonner des cordes plus sensibles qu'il n'y paraît au premier coup d'œil. Chose certaine, ils constituent le premier contact de l'enfant avec la littérature, avec l'art, car tout y est conçu pour susciter le plaisir, les frissons, l'exaltation. Ce sont en outre des métaphores de la vraie vie, qui mettent en garde contre les dangers du monde, qui visent à stimuler les « bons » comportements tout en décourageant les « mauvais ». En ce sens, les contes entretiennent des liens avec le mythe, la légende, la fable et même avec l'histoire.

LES LIENS ENTRE CONTE ET MYTHE

Le mythe religieux, sous forme symbolique, apporte une explication aux mystères du monde. Les mythologies gréco-romaine, égyptienne et scandinave sont encore assez bien connues de nos jours, mais tous les peuples en ont élaboré. En étudiant les mythes amérindiens, ou encore, disons, ceux des Dogons, un peuple du Mali, on découvrirait certes des interprétations surprenantes des lois de l'univers, mais aussi des similitudes avec des mythes plus familiers. Lorsque, dans *Les Souhaits ridicules,* Jupiter, maître et père des dieux romains, apparaît à un bûcheron pour lui accorder la réalisation de trois souhaits, le lecteur reconnaît en ce personnage un être surnaturel capable de tenir parole sur ce point, au même titre qu'une fée ou un génie sorti d'une lampe magique. Cela dénote la prédilection de l'auteur classique pour la culture de l'Antiquité et pour le panthéon romain. Quant au motif des trois vœux, on en trouve la trace dans une foule de récits, où le nombre trois semble jouer un rôle quelque peu magique.

LES LIENS ENTRE CONTE ET LÉGENDE

La légende également semble avoir exercé une certaine influence sur le conte : elle prend souvent la forme d'un récit historique déformé, poétisé et amplifié pour atteindre des proportions surhumaines. Par exemple, la bataille historique de Roncevaux, qui eut lieu en 778 sous le règne de Charlemagne, a érigé Roland en personnage de légende : ce qui n'avait été qu'une simple échauffourée entre quelques soldats francs et sarrasins est devenu une grande bataille aux proportions épiques dans *La Chanson de Roland,* texte médiéval considéré comme un modèle du genre. Autre cas célèbre : un qu'en-dira-t-on sur la vie de saint Nicolas, qui aurait redonné vie à des enfants qu'un méchant boucher avait découpés en quartiers et mis à saler en baril, est à l'origine de notre légende du père Noël, *Santa Claus* en anglais, déformation du nom « saint Nicolas ». Cela n'est pas sans rappeler le conte des frères Grimm où le Petit Chaperon rouge et sa grand-mère sont sorties de l'estomac du loup et ramenées à la vie par un bûcheron généreux et quelque peu magicien. Il est donc probable que, comme la légende, le conte s'inspire de faits réels agrémentés d'un zeste de merveilleux et d'exagération.

LES LIENS ENTRE CONTE ET HISTOIRE

S'il est souvent impossible d'associer le conte à un évènement historique précis, on doit tout de même admettre que l'un et l'autre servent un but commun de mise en garde contre certains périls. Ne dit-on pas que celui qui ignore l'histoire est condamné à en répéter les erreurs ? Ainsi, le conte, comme le récit historique, prépare le lecteur à affronter les difficultés de la vie en lui montrant qu'il est possible de s'en sortir, à condition de connaître le dessous des choses, d'avoir la révélation d'un secret ou d'apprendre comment tel personnage, imaginaire ou réel, a réagi à cette difficulté. Certains essayistes suggèrent en tout cas que les contes ont parfois des origines bien réelles. Jean-Marc Fombonne, dans un essai intitulé *Aux pieds des femmes,* prétend que la légende de Cendrillon prend sa source dans un évènement historique tout ce qu'il y a de plus véridique. Le géographe et historien grec Strabon (v. 58 avant notre ère à 25 de notre ère) rapporte comme authentique l'histoire extraordinaire de la princesse Rhodopis — nom qui signifie « les joues roses » —, une esclave devenue l'épouse du pharaon Amôsis. Maltraitée même par celles qui partageaient son triste sort, elle se voit imposer le lourd labeur de laver des vêtements au fleuve le jour même où le pharaon donne une grande fête à laquelle sont conviés tous les habitants de la ville, même les plus humbles. Pour ne pas souiller ses sandales, elle les pose sur une pierre au bord du Nil. Le dieu Horus, sous les apparences d'un faucon, s'empare d'une des sandales, fines et délicates, qu'il va laisser choir près du roi. Y voyant un signe des dieux, celui-ci fait rechercher la jeune fille à qui la chaussure ira et qui possédera la semblable. Ses émissaires lui ramènent la belle esclave Rhodopis. La suite est évidente : comme Cendrillon et son prince, ils vécurent heureux et eurent de nombreux enfants !

LES LIENS ENTRE CONTE ET FABLE

Le plus grand fabuliste français, Jean de La Fontaine, est contemporain de Perrault ; il serait donc normal que l'un ait influencé l'autre, et par le fait même que la fable et le conte se soient mutuellement enrichis. Rappelons que La Fontaine a lui-même commis des contes, qui connurent un immense succès, avant de publier ses *Fables*. Quant à Perrault, il fut aussi auteur de fables, *Le Labyrinthe de Versailles*, dont nous avons parlé plus haut. S'inspirant d'Ésope [1], un auteur de la Grèce antique qui aurait influencé — ou encore qui aurait subi l'influence, les spécialistes l'ignorent — de nombreux contes et récits narrés un peu partout sur les pourtours de la Méditerranée, les deux auteurs du XVIIe siècle ont élaboré leur propre version de ces histoires où des animaux représentent divers traits de caractère humain. C'est ainsi qu'on trouve un loup conversant avec une petite fille ou un chat assurant la richesse d'un pauvre meunier chez Perrault.

---

1. Il ne faudrait pas non plus négliger l'influence des fabliaux médiévaux. Par exemple *Renart mange le fromage de Tiécélin* a très certainement inspiré *Le Renard et le Corbeau*.

L'évolution du genre

Au fil des siècles, la popularité, la renommée du conte ne se dément jamais : on n'a qu'à arpenter les rayons destinés aux enfants dans nos bibliothèques pour s'en convaincre. Nul ne pourrait en recenser la profusion. Autrefois cantonné à l'oral, transmis de bouche à oreille, le conte devient à partir du xviie siècle écrit, donc un véritable genre littéraire. Qu'est-ce qui a incité tant d'auteurs de cette époque à s'y adonner ? Quel auteur, quelle œuvre en a lancé la mode ? Pas de réponse claire à cette question, sinon un constat : de nombreux écrivains, de nombreux textes de ce temps sont passés à l'histoire et ont engendré une descendance nombreuse.

EN FRANCE, AUTOUR DE PERRAULT

Les contes en vers de La Fontaine sont peu lus de nos jours, leur gloire éclipsée par celle de ses *Fables*. Beaucoup pensent qu'il a été, malgré tout, l'instigateur du genre, car il les a publiés dès 1665, alors que les autres auteurs n'ont fait paraître les leurs qu'une trentaine d'années plus tard. À la fin du xviie siècle et au xviiie siècle, on note un engouement pour le conte merveilleux.

Les Mille et Une Nuits

Au moins aussi célèbres que ceux de Perrault, les contes des *Mille et Une Nuits* paraissent en français en 12 volumes entre 1704 et 1717, traduits ou adaptés par Antoine Galland (1646-1715). Après des voyages en Orient, en particulier dans l'Empire ottoman, il revient en France et enseigne l'arabe dans un collège réputé de Paris. Il publie des souvenirs de voyage, une traduction du Coran et réunit en recueil les contes turcs, perses et arabes qu'il a entendus ou lus. De tradition orale, les plus anciens dateraient du xe siècle, peut-être même d'avant, et compteraient autant de versions qu'il existe de pays et de régions dans le monde arabe. La conteuse Schéhérazade, narratrice de tous les contes, recourt à ce subterfuge pour rester en vie. En effet, le sultan, pour éviter que ses épouses lui soient infidèles, ordonne qu'elles soient confiées au bourreau le lendemain de la nuit de noces. Quand vient le tour de Schéhérazade, elle raconte à son époux une histoire merveilleuse, en prenant soin de la garder inachevée et en promettant de poursuivre le lendemain. Chaque soir, elle poursuit ou termine le récit de la veille, en commence un nouveau, toujours sans le terminer. Ainsi de suite jusqu'à ce qu'après mille et une nuits de narration, le sultan décrète que la conteuse ne sera pas mise à mort. C'est ainsi que l'on découvre le personnage d'Ali Baba ; grâce à la formule magique que prononce le chef des 40 voleurs : « Sésame, ouvre-toi », Ali Baba peut prendre une grande quantité de richesses dans leur repaire. Aladin, quant à lui, trouve dans une grotte profonde une lampe magique dans laquelle vit un génie qui peut réaliser tous ses souhaits. Et Sindbad le Marin parcourt toutes les mers du monde et découvre d'étranges contrées où il accomplit nombre d'exploits. Ces personnages, ainsi que ceux créés par d'autres auteurs de la même époque, ont laissé une empreinte durable.

Mᵐᵉ d'Aulnoy

L'une de ces auteurs est Mᵐᵉ d'Aulnoy. Marie Catherine Le Jumel de Barneville, comtesse d'Aulnoy (1650-1705), n'a pas eu une vie banale. Après avoir épousé un homme plus vieux qu'elle de 30 ans, elle tenta de se débarrasser de lui en l'accusant de trahison, invoquant le témoignage de deux gentilshommes, dont l'un était sans doute son amant. Contrainte à l'exil, elle vécut plus de 15 ans en Espagne et en Angleterre, avant d'être autorisée à rentrer en France en 1685, peut-être pour avoir servi d'espionne pour le compte de Louis XIV. Elle fut l'une de ces femmes avant-gardistes ayant tenu un salon littéraire, dont nous avons parlé plus haut. Elle écrivit ses mémoires, puis publia plusieurs recueils de contes, les plus célèbres étant *Les Fées à la mode* (1697) et *Les Illustres Fées* (1698). *L'Oiseau bleu* raconte l'histoire de deux princesses : Flore, jolie et douce, et Truitonne, née du second mariage du roi, laide et méchante. La reine marâtre met tout en œuvre pour marier sa propre fille au roi Charmant, qui évidemment n'a d'yeux que pour la belle Flore ! Jetée au cachot pour ne pas nuire à sa vilaine demi-sœur, elle n'est consolée que par un oiseau bleu, lequel est en réalité sa marraine, la fée Soussio, venue aider sa filleule à accomplir son glorieux destin, qui est bien sûr d'épouser le roi Charmant. *Gracieuse et Percinet* raconte l'histoire d'un roi dont la femme meurt et qui épouse la duchesse Grognon, « une vieille fille fort riche [mais…] qui était affreuse de tout point : ses cheveux étaient d'un roux couleur de feu ; elle avait un visage épouvantablement gros et couvert de boutons ; des deux yeux qu'elle avait eu autrefois, il ne lui en restait qu'un chassieux ; sa bouche était si grande qu'on eût dit qu'elle voulait manger tout le monde, mais comme elle n'avait point de dents, on ne la craignait pas ; elle était bossue de devant et de derrière, et boiteuse des deux côtés. Elle haïssait mortellement Gracieuse », la fille du roi, et finit par la chasser du royaume. Heureusement, dans son exil, Gracieuse rencontre « le prince Percinet aussi beau que l'on dépeint l'Amour », grâce à qui elle réussit à contrecarrer les plans de sa belle-mère… si l'on peut dire ! Dans un autre conte, *La Chatte blanche,* une reine a été transformée en félin… Mais c'est aller trop vite à la conclusion. Un roi avait trois fils, qu'il aimait également. Il leur dit que celui des trois qui lui ramènerait le plus beau petit chien hériterait du royaume. À partir de ce point, on suit les aventures du cadet, qui aboutit dans le royaume de la reine Chatte blanche. Les trois fils reviennent chez le roi avec ce qu'il a demandé, mais chaque fois il a des exigences nouvelles, n'ayant aucune envie de se départir de sa couronne : toile fine, pierre précieuse, tout y passe. Enfin, il informe ses fils qu'il désire les voir mariés à la plus belle princesse, épreuve finale qui va les départager. Évidemment, le cadet réussit à rompre le sort de Chatte blanche et semble l'emporter sur ses frères. À la fin, Chatte blanche déclare : « Je ne suis pas venue vous arracher un trône que vous remplissez si dignement ; je suis née avec six royaumes : permettez que je vous en offre un, et que j'en donne autant à chacun de vos fils. Je ne vous demande pour toute récompense que votre amitié, et ce jeune prince pour époux. Nous aurons encore assez de trois royaumes. » On le voit, ces contes sont faits pour plaire aux enfants, bien sûr, mais perpétuent la tradition des allégories galantes où de belles princesses et de charmants princes voient des imprévus et de vils personnages retarder la fin heureuse de convention.

Mᵐᵉ de Beaumont

Jeanne-Marie Leprince de Beaumont (1711-1780) est en quelque sorte la dernière de ces conteurs et conteuses de l'Ancien Régime. Elle passa une grande partie de sa vie en Angleterre, où elle publia des œuvres pour la jeunesse de la haute société, dans laquelle il était de bon ton de parler français et d'avoir une gouvernante française. Ses œuvres contiennent autant de textes littéraires que d'information sur la science, la mythologie, la mode et la société : *Le Nouveau Magasin français*, *Le Magasin des adolescents*, *Le Magasin des pauvres* et, surtout, *Le Magasin des enfants* (1757), qui contient « La Belle et la Bête », dont s'inspira Jean Cocteau pour réaliser son célèbre film en 1946. Un riche marchand avait trois fils et trois filles. « La cadette surtout se faisait admirer et on ne l'appelait que Belle Enfant ; en sorte que le nom lui en resta, ce qui donna beaucoup de jalousie à ses sœurs. » Ayant tout perdu, le marchand ne peut marier ses enfants, dont personne ne veut plus en raison de leur pauvreté. Voyageant pour tenter de se sortir d'affaire, le marchand aboutit dans un château où il trouve un bon repas, mais il offense le propriétaire en cueillant une rose : « Je ne m'appelle pas Monseigneur, répondit le monstre, mais la Bête ; je n'aime point les compliments, moi, je veux qu'on dise ce qu'on pense ; ainsi, ne croyez pas me toucher par vos flatteries ; mais vous m'avez dit que vous aviez des filles ; je veux vous pardonner, à condition qu'une de vos filles vienne volontairement pour mourir à votre place. » Ce sera évidemment la Belle, sa préférée, la seule qui veuille sauver le père. Elle ne sera que douceur et gentillesse pour la Bête, qui reste pour sa part toujours bourru et coléreux, mais retarde tout de même la sentence de mort. Un jour, ayant appris la maladie de son père chéri, la Belle demande la permission à la Bête d'aller lui rendre visite, sous promesse de revenir bientôt. Comme le voyage dure plus longtemps que prévu, la Bête se laisse mourir de faim, croyant l'avoir perdue à jamais. Par bonheur, la Belle revient juste à temps pour sauver la Bête en lui promettant de devenir son épouse. La Bête se transforme alors en beau prince, qu'une « méchante fée avait condamnée à rester sous cette figure jusqu'à ce qu'une belle fille consentît à l'épouser ». Et ils vécurent « dans un bonheur parfait, parce qu'il était fondé sur la vertu ».

Jacob et Wilhelm Grimm.

Dans la foulée romantique : les frères Grimm et Hans Christian Andersen

Le xixe siècle est souvent présenté comme une époque de révolutions : révolutions et contre-révolutions politiques, révolutions nationalistes, révolution industrielle, révolutions littéraires. Dès le début du siècle, les romantiques proposent une toute nouvelle vision du monde, où les passions ne doivent pas être réprimées, bien au contraire, car elles peuvent servir les êtres humains dans leur expérience de la vie. Plutôt que de défendre la morale, la vertu, le rang et les conventions sociales comme le faisaient les auteurs classiques, les romantiques expriment leurs sentiments, leur vision des choses, leur opinion, même à l'encontre de ce qui est communément accepté et acceptable dans leur environnement. Ils les font ainsi partager à d'autres êtres humains considérés comme des semblables, des égaux, qui sont aptes à éprouver les mêmes sentiments et qui, par conséquent, méritent la même considération. C'est peut-être ce climat nouveau qui permit l'émergence des frères Grimm. Ils estimaient dignes de publication les contes traditionnels transmis de bouche à oreille, qu'ils recueillaient, année après année, dans toutes les régions, dans toutes les couches de la société de leur pays. De la sorte, ils voulaient révéler le fond véritable de l'âme allemande.

Les frères Grimm

Jacob Grimm (1785-1863) et son frère Wilhelm (1786-1859) sont en effet nés en Allemagne. Ils étudient tous deux le droit à l'université et obtiennent leur diplôme d'avocat. Lecteurs enthousiastes des grands écrivains romantiques de leur temps, Goethe et Schiller entre autres, ils commencent alors à s'intéresser à la littérature, tout particulièrement à l'étude du conte. Dès 1807, on les voit écumer la campagne, où ils recueillent les versions orales de ces œuvres traditionnelles. Jacob publie un premier ouvrage en 1811, une étude sur la poésie des troubadours allemands, et Wilhelm, la même année, une traduction de légendes danoises. Après cela, les deux frères publient de nombreux ouvrages personnels ou portant leurs deux signatures. Leur premier recueil paraît en 1812 sous le titre de *Contes de l'enfance et du foyer*. S'ajoutent un deuxième volume en 1815, et un troisième en 1822, où

HANS CHRISTIAN ANDERSEN (1805-1875).
PEINTRE DE L'ÉCOLE ANGLAISE, XIXᵉ SIÈCLE.

sont colligés quelque 200 contes. Ils font aussi paraître deux recueils de légendes. Ajoutons que ce sont de grands philologues, c'est-à-dire des spécialistes de la langue et de la littérature, et qu'ils publient, outre les contes et légendes qui firent leur renommée, un grand nombre d'ouvrages spécialisés, dont un dictionnaire de la langue allemande.

Les frères Grimm sont parmi les premiers à aborder le conte populaire comme objet d'études universitaires. Contrairement à ceux et celles que nous avons énumérés plus haut, ils ne se voient pas comme auteurs, mais plutôt comme transcripteurs et chercheurs. Ils établissent des hiérarchies, des variantes, des distinctions, des classifications qui seront reprises et poursuivies dans les universités du monde entier. Ainsi, ils donnent des versions différentes de certains contes publiés par Perrault en français : *La Belle au bois dormant, Cendrillon* et *Le Petit Chaperon rouge.* Plusieurs contes qu'ils ont dénichés sont devenus des chefs-d'œuvre de la littérature universelle : *Blanche-Neige, Le Vaillant Petit Tailleur, Hansel et Gretel, Tom Pouce, Rapunzel* (aussi connu sous le titre *Raiponce*) et *Rumpelstilzchen* (aussi connu sous le titre *Nain Tracassin*). C'est à eux que l'on doit la popularité de légendes telles que celles de Guillaume Tell et de Tannhäuser, qui ont inspiré auteurs et musiciens de leur siècle.

Andersen

Les Grimm ont donné au monde le fruit de leurs recherches dans les classes sociales populaires. Le Danois Hans Christian Andersen (1805-1875) tire, lui, ses sujets de sa propre imagination. Il naît dans un milieu très modeste : sa mère est blanchisseuse, et son père, cordonnier. Admirateur de Napoléon, le père rejoint l'armée impériale française et meurt alors que son fils n'est âgé que de 11 ans. Le jeune Hans Christian quitte le milieu familial peu après le remariage de sa mère. À 15 ans, il se retrouve seul et sans le sou à Copenhague, la capitale du Danemark. Après avoir essuyé un refus au Théâtre royal, auquel il a soumis une tragédie, l'un de ses directeurs, Jonas Collin, lui obtient une bourse d'études. À sa sortie du baccalauréat, il est accueilli comme un fils dans la famille Collin.

Peu à peu, il se bâtit une réputation de poète, puis, après des séjours en Allemagne et en Suisse, comme auteur de récits de voyage et de livrets d'opéra. Sa vie durant, il continue à voyager partout en Europe. Il veut réussir, assoiffé « de gloire comme l'avare du tintement de l'or », écrira-t-il. Il ne l'obtiendra que plus tard, grâce à ses contes, après avoir touché à tous les genres littéraires. *Aventures racontées aux enfants,* son premier recueil, paraît en 1834. On y trouve trois contes originaux : *Le Grand Claus et le Petit Claus, L'Intrépide Soldat de plomb* et *Le Briquet.* Il en écrira toute sa vie, 178 en tout, dont l'édition complète et définitive paraîtra en 1862, tout en poursuivant son œuvre roma-nesque, dramatique et poétique.

De son vivant même, ses contes sont traduits en quelque 80 langues, lui procurant une renommée internationale. Après sa mort, Copenhague lui rend hommage en érigeant une statue dans le port, encore de nos jours symbole de la ville, voire du pays : *La Petite Sirène.* Parmi les autres titres célèbres, on peut citer *Le Vilain Petit Canard, Le Costume neuf de l'empereur* (ou *du grand-duc,* selon les traductions), *La Reine des neiges, La Princesse sur un pois, Le Rossignol de l'empereur* et *La Petite Fille aux allumettes…* On y rencontre souvent des déshérités, des malingres, de simples gens qui réussissent à sortir de l'ordinaire et à tirer les larmes au lecteur, à lui redonner confiance en la nature humaine, à le conforter dans le robuste bon sens quand il voit les princes et empereurs recevoir une cruelle leçon…

Jacques Ferron et l'héritage moderne des *Contes*

La fin du XIXe siècle et le XXe siècle voient une nouvelle éclosion et un éclatement du genre. Les auteurs reprennent les titres célèbres, torturent les histoires, ironisent sur des thèmes connus, les adaptent pour d'autres médias. Il faudrait des pages, même des livres entiers pour faire la liste des œuvres sérieuses et farfelues, pour enfants ou pour adultes, musicales ou filmiques… qui s'inspirent des contes dont nous avons parlé. Chacun pourra s'en convaincre en interro-geant Internet sur, par exemple, le Petit Chaperon bleu (ou vert, ou jaune…), ou sur Cendrillon. On y trouvera les noms d'illustrateurs célèbres, comme Gustave Doré, de réalisateurs ou de cinéastes, comme Walt Disney, de vedettes du cinéma, comme Drew

Barrymore, etc. On nous permettra d'en donner quelques exemples dans le domaine littéraire.

Mendès

Catulle Mendès (1841-1909) écrit *La Belle au bois rêvant,* fantaisie littéraire où la Belle fait savoir au prince charmant : « Tout bien considéré, monseigneur, je crois que je ne gagnerais rien à sortir de mon enchantement ; je vous prie de me laisser dormir. » Sur ce, le prince s'éloigne, fort penaud !

Offenbach

Le compositeur français Jacques Offenbach (1819-1880), bien connu pour ses opéras bouffes, compose la musique de *Barbe-Bleue,* sur un livret parodique d'Henri Meilhac et de Ludovic Halévy. Ils y font dire à celui que Perrault présentait comme un assassin : « Quant à moi, je suis très content / Que cela finisse gaiement ! / […] Vous connaissez mon caractère / Je suis Barbe-Bleue, ô gué ! / Jamais veuf ne fut plus gai ! »

Anatole France

Anatole France (1844-1924), quant à lui, donne un amant à l'épouse de la Barbe bleue. À un signal convenu, elle appelle à la rescousse ses deux frères ainsi que cet amant, qui tuent sans vergogne celui qui, tout compte fait, n'était pas le plus monstrueux des personnages des *Sept Femmes de la Barbe bleue...*

Apollinaire

Guillaume Apollinaire (1880-1918) s'intéresse à « ce que devint l'équipage de Cendrillon lorsque, après le second bal de la cour, ayant entendu sonner le premier coup de minuit et ayant perdu sa pantoufle de vair [*sic*], elle ne le retrouva plus à la porte du palais royal ». C'est ainsi que commence *La Suite de Cendrillon, ou Le Rat et les Six Lézards,* publié à titre posthume en 1919. Ne révélons pas qu'ils vendent le carrosse doré et — mais peut-être n'était-ce pas eux ? — font passer les petites pantoufles de vair de la reine Cendrillon en Amérique !

Jacques Ferron (1921-1985).
Kèro Beaudoin.

Ferron

C'est à cette veine ironique, pour ne pas dire sarcastique, qu'appartient le Québécois Jacques Ferron (1921-1985). Frère de la peintre Marcelle Ferron (1924-2001), il naît à Louiseville, municipalité située près du fleuve Saint-Laurent, entre Maskinongé et Trois-Rivières. Bientôt orphelin de mère, il est placé en pensionnat et réussit assez bien ses études. Après un doctorat en médecine, il est tour à tour médecin dans l'armée canadienne, dans un village gaspésien puis, en 1949, sur la Rive-Sud, près de Montréal. De son propre aveu, c'est là qu'il constate la situation déplorable de ceux que l'on appelle alors les Canadiens français, l'autoritarisme du régime du premier ministre du Québec Maurice Duplessis, la pauvreté culturelle d'une race dont la culture naît justement à cette époque. Il rencontre les artistes les plus avant-gardistes de son temps, entre autres les peintres automatistes amis de sa sœur et de Paul-Émile Borduas (1905-1960), il milite pour la paix et la justice sociale, lutte contre la détérioration du français et amorce sa carrière littéraire. Son œuvre la plus célèbre, *Contes du pays incertain,* est honorée en 1962 du prix du Gouverneur général. Il reçoit également le prix France-Québec pour *Les Roses sauvages,* puis le prix Duvernay pour l'ensemble de son œuvre, tous deux en 1972, et enfin le prix Athanase-David en 1977. Son engagement politique et social se traduit, entre autres, auprès de partis sérieux, mais aussi par la fondation, en 1963, du Parti Rhinocéros, qui caricature la politique traditionnelle. On peut voir dans sa version du *Petit Chaperon rouge* une parodie du conte traditionnel, à l'image, au fond, de toute son œuvre, et même de sa vie de pince-sans-rire, d'autodérision et de lucidité.

L'exploration de quelques pistes thématiques

Dès leur parution, les *Contes* de Perrault ont suscité l'intérêt, non seulement des enfants, à qui ils sont manifestement destinés, mais aussi des spécialistes de la littérature. Disons que leur immense succès a attiré l'attention, au même titre que les «best-sellers» de nos jours déclenchent des polémiques, des controverses, des débats. Les critiques se sont d'abord attardés à leurs qualités littéraires et à leur moralité. La version que donne Perrault des historiettes traditionnelles constitue en effet une œuvre littéraire à part entière. Il ne s'est pas contenté de s'abaisser, pourrait-on dire, au niveau de l'enfant, il a écrit comme pour des adultes. À preuve, ne citons que les contes en vers, qui respectent les règles de la versification classique et qui usent du même vocabulaire amoureux que l'on trouve dans les textes de l'époque, fouillant les relations affectives et dressant la « carte du Tendre » si chère aux précieuses. Comment l'« honnête homme » doit-il se comporter avec son amoureuse, comment doit-il la choisir, l'approcher, la conquérir ? Quant à la dame de qualité, quelles caractéristiques, quelles vertus doit-elle chercher chez son soupirant, et quels défauts, quelles faiblesses doit-elle rejeter ? En ce sens, les *Contes* sont une version fidèle, édulcorée il est vrai, de la mentalité du siècle de Perrault, avec tout ce qu'il comporte de religiosité et de noblesse, de misère et de grandeur, d'ignorance et d'espoir.

Mais ce sont plus que de simples textes de mise en garde, leur but n'est pas seulement de prévenir les enfants des dangers du monde. Bien sûr, on s'attend à ce que les contes leur permettent de « grandir » et de comprendre les complexités du monde adulte. En outre, ils laissent dans la psyché une empreinte indélébile, beaucoup plus efficace qu'un interdit répété ou un « non, ne fais pas ça ! » retentissant. L'enfant comprend parce qu'il s'identifie à l'un des personnages, parce que dans une certaine mesure il participe à l'action, parce qu'il vit les obstacles et les solutions qui lui sont racontés. Ainsi, les contes, métaphores du monde extérieur, sont aussi une formidable représentation symbolique du développement personnel et psychologique. Ils permettent de satisfaire des fantasmes, de vaincre des craintes irraisonnées, de mettre de l'ordre dans le chaos des pensées, des désirs, des pulsions… C'est pourquoi certains auteurs ont appliqué aux contes des grilles d'analyse psychanalytique, où sont étudiées, par exemple, les relations entre mère et fille, entre parents et enfants, entre hommes et femmes, entre frères ou entre sœurs — bref, les comportements humains en situation d'autorité, d'égalité ou d'infériorité. Grandir, ce n'est pas seulement devenir ce que les autres attendent de soi, c'est aussi se réaliser intérieurement et psychologiquement, devenir soi-même dans le respect de l'autre.

Au fil du temps, d'autres sciences ou théories, comme la sociologie, le structuralisme ou la sémiologie, ont appliqué leurs grilles d'analyse aux contes. Pour les spécialistes de ces diverses approches, les contes ne sont pas que des représentations du monde extérieur ou intérieur. Au même titre que les légendes et les mythes, ils fournissent des explications fondamentales de l'humanité, de ce que c'est que d'être humain, de ce qui distingue l'homme de tout autre être vivant. Ainsi, des sociologues ont vu dans certaines scènes des réminiscences des grands bouleversements de l'histoire : luttes entre classes sociales, entre riches et pauvres, abus de pouvoir et invasions barbares ou encore pénuries et pandémies qui ont acculé les masses à la misère, à la famine et à la mort. D'autres y ont décelé des structures ou des modèles universels, non pas propres à une seule culture ou société, mais communs à toute l'humanité, ce qui expliquerait que des variantes des mêmes contes apparaissent sur tous les continents, même dans des sociétés à première vue tout à fait isolées des autres. Dans des contes en apparence différents, on peut reconnaître des messages fondamentaux, comme le passage de la nature à la culture (le sauvage et le civilisé, le solitaire asocial et le citadin, le « cru » et le « cuit »), des distinctions entre les mondes « d'en haut » et « d'en bas » (le ciel et le souterrain, la terre et l'enfer, les dieux et les hommes, la caverne et la prairie), les différences entre le « je » et l'autre (nous et les étrangers, le semblable et le différent, l'ici et l'ailleurs).

Nous suivrons donc quelques pistes d'analyse inspirées librement de l'une ou l'autre de ces différentes approches. Sans être exhaustives, elles permettront de mettre en lumière des évidences ou d'écarter des croyances répandues sur les contes, mais surtout de donner quelques exemples d'interprétation.

FUIR

Dans presque tous les contes, on voit au moins un personnage, qu'il soit « bon » ou « méchant », prendre la fuite. Que fuit-il ? Qui le poursuit... ou quoi ? Où s'enfuit-il ? Et comment ? La réponse à ces questions exige un examen plus approfondi du caractère des personnages et des lieux. Ainsi, les fuyards ne sont pas nécessairement des trouillards. S'ils fuient un danger, c'est pour sauver leur vie, et pour mieux l'affronter au moment approprié.

Les fuites les plus palpitantes arrivent au petit Poucet et à ses six frères : le héros réussit à les sortir de la forêt où leurs parents ont tenté de les perdre, à trouver refuge dans une maison au cœur des bois quand le stratagème des miettes de pain échoue, à éviter à ses frères d'être réduits en rôtis en échangeant leurs bonnets contre les couronnes des sept filles de l'ogre, à épuiser ce dernier dans une escapade à couper le souffle, à voler les bottes de sept lieues et enfin à enrichir sa famille… Le message, bien sûr, implique qu'on a souvent besoin d'un plus petit que soi, que ce n'est pas la taille ou la force seules qui donnent de la valeur à un individu. Ici, le danger de mort motive cette série de fuites. Ailleurs, c'est plutôt le rejet, la honte ou la déchéance qui fait fuir. Ainsi, dans *Peau d'Âne,* la jeune princesse doit fuir un père incestueux, cacher son identité en même temps que sa honte sous une peau d'âne et se résigner à vivre dans une basse-cour répugnante. La vilaine sœur du conte *Les Fées* « se fit tant haïr que sa propre mère la chassa de chez elle ; et la malheureuse, après avoir bien couru sans trouver personne qui voulût la recevoir, alla mourir au coin d'un bois » (l. 72-74). Autres exemples : la princesse idiote du conte *Riquet à la houppe* s'évade dans la forêt, où elle peut cacher le déshonneur de ne pas avoir assez d'esprit, et le vilain petit canard fuit, honteux, désespéré, une basse-cour où on le considère comme un phénomène, car il ne ressemble à personne de son entourage. Enfin, les naïfs, comme le Petit Chaperon rouge, n'ont pas même l'instinct de fuir alors qu'ils le devraient. On imagine les enfants réunis autour du conteur le presser de prévenir la petite, crier qu'elle doit se méfier du monstre ! Mais non, éternelle victime, elle finit toujours dévorée par celui dont les « grandes jambes » lui permettront inévitablement de précéder la fillette…

Espace ouvert ou fermé

Les lieux de fuite, quant à eux, mènent à une étude de l'espace « romanesque ». Certains lieux sont ouverts, d'autres, fermés, et l'on y trouve indistinctement protection ou danger. Ainsi, la forêt est le domaine du loup dans *Le Petit Chaperon rouge* et de l'ogre dans *Le Petit Poucet,* donc il est périlleux de s'y aventurer. À l'opposé, elle représente un refuge pour la princesse sotte de *Riquet à la houppe* et une barrière protectrice pour le château endormi de *La Belle au bois dormant.* La riche campagne visitée par le roi, sa fille et le soi-disant Marquis de Carabas résume cette ambivalence, car elle est à la fois dangereuse (c'est le domaine d'un méchant ogre) et généreuse (les champs y sont fertiles).

La maison symbolise pour la plupart des enfants un asile protecteur. Trouvent-ils contentement dans les *Contes*? Pas vraiment. Ici encore, le rôle de la maison en tant qu'espace fermé est ambivalent. Le loup réussit à s'introduire dans la chaumière pour manger la mère-grand et le Petit Chaperon rouge. Il n'est donc pas exclu qu'un méchant pénètre dans la maison ou s'y cache. Même situation pour la Barbe bleue et pour l'ogre dans *Le Petit Poucet*. Le château lui-même, sommet dans la hiérarchie des habitations, peut abriter une ogresse ou un ogre, comme dans la seconde partie de *La Belle au bois dormant* ou dans *Le Chat botté*. Au lit, pense l'enfant, il ne peut rien m'arriver. Dans une certaine mesure, Perrault fait un clin d'œil à cette idée en présentant même le lit, espace fermé dans un autre espace fermé, comme n'offrant aucune protection contre le monstre anthropophage: enfants, rien ne sert de vous couvrir le visage de vos couvertures, voyez comme le loup et l'ogre peuvent y trouver la chair fraîche dont ils se régalent. Ouf! chez les Grimm, un chasseur quelque peu magicien sauve la petite et sa mère en les tirant vivantes du ventre de la bête! Quant à l'ogre du *Petit Poucet*, ses propres filles sont victimes de sa gloutonnerie, non pas notre petit héros et ses frères!

Danger extérieur ou intérieur

Certaines fuites sont plus… psychologiques que d'autres. Ici, le danger n'a pas l'apparence d'un ogre ou d'un loup, mais peut avoir des conséquences tout aussi fatales: c'est un objet qui peut causer la mort, une famine qui menace toute la famille. Dans *La Belle au bois dormant*, le roi et la reine essaient d'éviter à leur fille un sort inéluctable en bannissant tous les fuseaux du royaume. Dans *Les Souhaits ridicules* et *Le Petit Poucet,* les bûcherons tentent d'échapper à la pauvreté et à la misère. La famine, c'est un fait historique, guettait surtout les pauvres, qui devaient parfois se résoudre à des solutions extrêmes, comme d'abandonner leurs propres enfants afin de survivre aux catastrophes ou aux disettes. Le message de Perrault est clair: si vous savez vous servir de votre tête, vous trouverez toujours un moyen de survivre. Ne fuyez pas les problèmes, ils vous rattraperont toujours. Faites-y face avec bravoure. Le bûcheron et sa bûcheronne, dans *Les Souhaits ridicules,* ont un comportement intempestif qui les garde finalement dans leur abjecte condition. Au contraire, un humble chat botté réussit à faire du troisième fils du meunier un marquis, mieux encore, le gendre du roi. La veuve de la Barbe bleue et le petit Poucet, vainqueur d'un ogre, savent profiter des richesses qu'ils dérobent aux méchants, et en faire bénéficier leur entourage.

Une autre forme de fuite est celle qui conduit certains personnages à se fuir eux-mêmes, à fuir leur ennui ou leur mélancolie. En un sens, ces princes sans princesse préfigurent les héros du XIXe siècle. Ils chassent mollement dans la forêt, se promènent, le regard dans le vide, sur les chemins boueux d'une basse-cour répugnante, à la recherche d'une distraction, d'une diversion à leur tristesse de n'avoir personne à aimer. Et dans ces endroits, les plus inattendus qu'il se puisse imaginer, ils découvrent la perle rare, la femme qui comble tous leurs souhaits, qui leur apportera l'amour sublime que les romantiques cherchent si désespérément. « Et là, nuit et jour il soupire ; / Il ne veut plus aller au bal / Quoiqu'on soit dans le carnaval. / Il hait la chasse, il hait la comédie, / Il n'a plus d'appétit, tout lui fait mal au cœur » (*Peau d'Âne,* v. 360-364). Un peu plus loin, on lit encore : « Les traits que l'amour a tracés / Toujours présents à sa mémoire / N'en seront jamais effacés. […] Il gémit, il pleure, il soupire, / Il ne dit rien » (v. 378-385). Comme la fleur la plus belle qui croît sur le fumier, c'est le lieu le plus infâme, le plus bas, le plus éloigné de la cour qui produit pour les princes le fruit savoureux d'un amour trouvé et partagé. C'est ce qu'on observe aussi dans *Cendrillon,* dans *La Belle au bois dormant* et dans *Les Fées.*

GRANDIR

Le mariage

Devenir adulte, c'est-à-dire passer d'un état de jeunesse ignorante à la connaissance et à la sagesse, voilà la grande affaire des contes, quel que soit l'auteur. Tous ont pour but avoué de faire avancer le lecteur ou l'auditeur dans son développement : voici comment les gens vraiment grands agissent, voilà quel est le comportement attendu d'un adulte accompli. Les contes suivis de morales de Perrault insistent sur ce qu'on doit faire dans les situations difficiles ou lorsqu'on se trouve devant des dilemmes en apparence insolubles. Mais ces moralités tourneraient à vide si elles n'étaient parfaitement illustrées dans des histoires qui marquent l'imagination des jeunes.

Qu'obtiennent donc les méritants, en fin de compte? Le bonheur, le contentement, la satisfaction, bien sûr. Mais surtout trois manifestations de l'état d'adulte, soit le mariage et le travail, ainsi que les qualités personnelles de l'«honnête personne». Peau d'Âne peut abandonner son déguisement et redevenir la princesse qu'elle était censée être en épousant son prince, comme Cendrillon d'ailleurs et la cadette du conte *Les Fées*. Les femmes ne sont pas les seules à désirer se marier : le fils du meunier, dans *Le Chat botté*, devenu riche marquis, n'est vraiment épanoui qu'en épousant la fille du roi. Le prince Riquet consent à attendre un an complet que la jolie princesse sans intelligence se décide à lui dire oui : «Le roi ayant su que sa fille avait beaucoup d'estime pour Riquet à la houppe, qu'il connaissait d'ailleurs pour un prince très spirituel et très sage, le reçut avec plaisir pour son gendre» (l. 211-214). On le voit bien, le mariage s'accompagne chez les personnages des attributs de l'âge adulte, que sont ici la sagesse et l'intelligence. Pour le Petit Chaperon rouge des Grimm, c'est la vie sauve, donc la possibilité de devenir adulte plutôt que de mourir bêtement en pleine jeunesse. Et pour celui de Ferron, la disparition du pédophile : la menace qui pesait sur l'enfance fuit sans fin vers un lointain indéfini, pourchassée par le chien fidèle. À l'instar de Peau d'Âne, le vilain canard perd ce qualificatif peu désirable et laisse s'épanouir l'être extraordinaire qui couvait en lui depuis toujours, mais que personne n'avait remarqué. On se rend soudain compte qu'il est devenu l'un de ces cygnes qu'il voyait dans le ciel, par surcroît le plus beau d'entre tous.

Le cas de la Belle au bois dormant est plus complexe : dès la moitié du conte, elle est mariée, ce qui pourrait être la fin de son histoire. Mais non, le prince garde leur union et sa paternité secrètes (ils ont deux enfants) en raison du fait que la reine-mère est de race ogresse. Ce sont, soit dit en passant, les seuls personnages des contes de Perrault qui deviennent parents[1]. Un deuxième épisode s'ajoute donc à leur aventure avant qu'ils n'atteignent la plénitude : ils doivent éviter que la belle et les enfants soient dévorés. Par bonheur, soutenu par des serviteurs fidèles, le prince, devenu roi désormais, parvient *in extremis* à leur éviter une mort affreuse et à se débarrasser de celle qui représente un danger pour sa famille. Sorte de cannibale restée à l'état sauvage d'ogresse, n'ayant pas évolué jusqu'à atteindre tout à fait l'état humain de sagesse et d'intelligence, elle doit donc être punie par où elle voulait pécher : elle se jette elle-même dans la cuve remplie « de crapauds, de vipères, de couleuvres et de serpents » (l. 268) où elle voulait précipiter la mère et ses deux pauvres petits. Le réalisme en prend pour son rhume, car il aurait mieux valu la jeter aux fauves. Ces reptiles ne sont en effet pas les bêtes les plus voraces du bestiaire... Aux yeux des enfants lecteurs, cependant, ce sont bien les animaux les plus dégoûtants, les plus horribles protagonistes de leurs plus noirs cauchemars.

La richesse

D'autres personnages se réalisent d'une autre manière, en tout cas pas uniquement par le mariage : « Il se trouva que la Barbe bleue n'avait point d'héritiers, et qu'ainsi sa femme demeura maîtresse de tous ses biens. Elle en employa une partie à marier sa sœur Anne avec un jeune gentilhomme, dont elle était aimée depuis longtemps ; une autre partie à acheter des charges de capitaine à ses deux frères ; et le reste à se marier elle-même à un fort honnête homme » (l. 157-162). Ici, l'état d'adulte se manifeste aussi par d'autres qualités, soit le partage et le travail, du moins pour les deux frères. De même pour le petit Poucet :

« [...] il gagnait tout ce qu'il voulait ; car le roi le payait parfaitement bien pour porter ses ordres à l'armée, et une infinité de dames lui donnaient tout ce qu'il voulait pour avoir des nouvelles de leurs amants, et ce fut là son plus grand gain. [...] Après avoir fait pendant quelque temps le métier de courrier, et y avoir amassé beaucoup de bien, il revint chez son père, où il n'est pas possible d'imaginer la joie qu'on eut de le revoir. Il mit toute sa famille à

---

1. Les autres sont déjà parents au début du conte, ou encore l'histoire se termine avant qu'ils n'aient d'enfants.

son aise. Il acheta des offices de nouvelle création pour son père et pour ses frères ; et par là il les établit tous, et fit parfaitement bien sa cour en même temps » (l. 291-303).

Dans ces deux cas, il s'agit d'abandonner l'égoïsme si souvent réprimandé chez les enfants. Ils apprennent à ne plus dire : « Non, c'est à moi ! » afin de partager avec les autres, ainsi qu'à voir l'importance du travail dans la réussite, qui n'est pas le fruit de la chance seule. Un bon mariage, un bon métier et le bon sens sont les qualités des vrais adultes dans les contes.

À l'opposé, les personnages qui n'ont pas évolué, qui n'ont pas grandi, sont à la fin du conte dans une situation identique à celle du début. Fanchon et Blaise, bien que grandes personnes, n'ont rien de plus au bout du compte : « Ainsi le bûcheron ne changea point d'état, / Ne devint point grand potentat, / D'écus ne remplit point sa bourse » (*Les Souhaits ridicules*, v. 144-146). Dans d'autres cas, grandir signifie accepter de s'abaisser afin de revenir plus tard, au moment opportun, à son état premier. Dans *Peau d'Âne*, la jeune princesse doit toucher le fond du baril avant de trouver une vie qui, tout compte fait, était la sienne au tout début. Elle doit abandonner la vie de château et descendre au rang le plus bas de l'échelle sociale pour fuir un père incestueux. Heureusement, elle récupère son rang et sa félicité en épousant son beau prince. En fait, ici, c'est l'adulte qui a « grandi » : en effet le roi, le père même de la jeune princesse, a abandonné ses désirs fous, ses pulsions infantiles, sorte de complexe d'Œdipe inversé qui consiste non pas pour l'enfant à vouloir épouser le parent, mais qui pousse le père à vouloir épouser sa propre fille : « […] le père de l'épousée, / Qui d'elle autrefois amoureux / Avait avec le temps purifié les feux / Dont son âme était embrasée. / Il en avait banni tout désir criminel / Et de cette odieuse flamme / Le peu qui restait dans son âme / N'en rendait que plus vif son amour paternel » (v. 549-556).

Autres cas de juste retour à la normale : ceux de Cendrillon et de la Belle au bois dormant. Ces deux jeunes filles doivent elles aussi accepter de sombrer avant d'atteindre leur glorieux destin. La bonne enfant écartée, ostracisée par ses méchantes demi-sœurs, et la princesse endormie, quasi morte d'un sommeil qui dure 100 ans, finissent toutes deux par trouver l'amour sous les traits d'un prince qui est leur égal par la bonté et l'honnêteté. Dans leur cas, comme pour d'autres personnages, être « grand » sur le plan psychologique s'accompagne non seulement d'une taille adulte, mais d'une croissance personnelle, sociale, voire financière.

Une nuance, avant de clore cette section sur les qualités des « honnêtes gens ». Curieusement, certains crimes restent malgré tout impunis, quand ils ne sont pas carrément récompensés. Les deux frères de l'épouse trop curieuse ne sont ni arrêtés par la police ni traînés en procès pour avoir assassiné la Barbe bleue, qui « était un fort honnête homme » (l. 20-21). Ils « héritent » de la fortune du cruel mari, bien que l'épouse semble en certaines circonstances se « considérer [elle-même comme] malhonnête » (l. 54-55). Ni Poucet pour avoir spolié l'ogre de ses bottes et de ses richesses, bien que Perrault laisse planer le doute sur l'assassinat de ce dernier. L'ogre monstrueux possède après tout certaines qualités : « [...] car cet ogre ne laissait pas d'être fort bon mari, quoiqu'il mangeât les petits enfants » (l. 274-275). Nous admettons tous sans peine que le grand méchant loup meure, car il s'agit de sauver deux vies humaines. Et si la chasse paraît immonde au vilain petit canard, au moins nous consolons-nous en disant que les chasseurs n'ont commis aucun crime, si ce n'est d'avoir ambitionné sur le nombre de prises. Il semble donc y avoir des degrés d'honnêteté, le plus honnête ayant le droit d'attaquer l'autre… Ou peut-être encore l'« honnêteté » s'évaluait-elle autrefois différemment ? Quant à certaines moralités, par exemple celle sur les pauvres qui méritent leur sort, elles laissent une amère saveur de scepticisme.

MANGER

La nourriture

Pour les psychanalystes, l'acte de manger renvoie au stade oral du développement : tout passe par la bouche de l'enfant, comme s'il devait goûter la vie. Manger n'est pas uniquement une question de survie physique, car il faut manger pour vivre, c'est aussi un acte qui représente une phase essentielle de la croissance. En ce sens, la nourriture est un symbole d'évolution, d'avancement personnel et social. C'est pourquoi elle occupe une place importante dans presque tous les contes : lorsqu'elle est abondante, l'auteur dépeint des bals et des festins, lorsqu'elle vient à manquer, des scènes déchirantes, comme l'abandon des enfants. La nourriture constitue, au même titre que les vêtements, les bijoux et l'habitation, l'une des différences visibles entre les riches et les pauvres, entre les classes sociales inférieures et la noblesse, c'est-à-dire la classe dirigeante. Les riches portent des vêtements somptueux, sont parés de pierres précieuses et habitent des châteaux ; les pauvres sont vêtus de haillons et de sabots et vivent dans des masures. « "Oui, mais est-ce que j'irai [au bal] comme cela avec mes vilains habits ?" Sa marraine ne fit que la toucher avec sa baguette, et en même temps ses habits furent changés en des habits de drap d'or et d'argent tout chamarrés de pierreries ; elle lui donna ensuite une paire de pantoufles de verre, les plus jolies du monde » (*Cendrillon*, p. 65-66, l. 89-93). En un coup de baguette, la souillon gravit les échelons vers les sommets de la société et devient princesse, qui peut sans honte participer aux festins donnés par l'aristocratie.

Cette distinction sociale et psychologique par la nourriture n'est nulle part plus évidente qu'un peu plus loin dans ce conte : « On apporta une fort belle collation, dont le jeune prince ne mangea point, tant il était occupé à la considérer. Elle alla s'asseoir auprès de ses sœurs et leur fit mille honnêtetés : elle leur fit part des oranges et des citrons que le prince lui avait donnés » (l. 115-119). La souillon, donc, n'est pas seulement devenue princesse, elle a acquis une qualité essentielle de l'adulte : elle partage la précieuse nourriture avec celles qui l'ont traitée comme la dernière des dernières. Douce vengeance de l'honnête personne : voyez comme elle sait être bonne pour ses tortionnaires, semble dire l'auteur. Imaginons en outre l'étonnement des lecteurs ou des jeunes auditeurs devant ces agrumes. On en voyait rarement à cette époque, et plus rarement encore dans les classes sociales inférieures. Peut-être même les enfants demandaient-ils à leur lectrice la signification de ces mots étranges, oranges… citrons… La nourriture est, presque autant que l'or et les pierres précieuses, symbole de richesse et de pouvoir. À l'opposé, on trouve des nourritures triviales, banales : « Une aune de boudin, ma chère ! / Quelle pitié ! c'est une horreur ! »

(v. 6-7), s'écrie une précieuse, au début des *Souhaits ridicules*. Pourtant, Blaise le bûcheron, lui, en rêve : « [...] goûtant à son aise / Près d'un grand feu la douceur du repos, / Il dit, en s'appuyant sur le dos de sa chaise : / "Pendant que nous avons une si bonne braise, / Qu'une aune de boudin viendrait bien à propos !" » (v. 72-76). Selon que l'on appartienne à la classe sociale aisée des dirigeants ou à celle des masses laborieuses, les mets (et les mots !) qui font rêver sont fort différents.

La parole

La bouche ne sert pas uniquement à l'ingestion de nourriture, elle est également le siège de la parole, c'est-à-dire la marque la plus évidente de l'être civilisé et cultivé. Cela aussi distingue l'« honnête personne » des gens du commun. « Le prince, charmé de ces paroles, et plus encore de la manière dont elles étaient dites, ne savait comment lui témoigner sa joie et sa reconnaissance ; il l'assura qu'il l'aimait plus que lui-même. Ses discours furent mal rangés, ils en plurent davantage : peu d'éloquence, beaucoup d'amour » (*La Belle au bois dormant*, l. 153-157). La princesse s'exprime bien, le prince tombe sous le charme, puis les mots ne sont plus nécessaires, car seul compte l'amour. En clair, les personnes de qualité savent se reconnaître grâce au raffinement de leur langage : entre eux, l'amour va de soi ! La parole est d'argent et le silence est d'or, selon le proverbe. Mais est-ce toujours vrai ? Voyons comment Perrault, dans *Les Fées*, associe les qualités d'une bonne et belle jeune fille aux mots précieux qu'elle prononce : « — Vous êtes si belle, si bonne et si honnête que je ne puis m'empêcher de vous faire un don (car c'était une fée qui avait pris la forme d'une pauvre femme de village, pour voir jusqu'où irait l'honnêteté de cette jeune fille). Je vous donne pour don, poursuivit la fée, qu'à chaque parole que vous direz, il vous sortira de la bouche ou une fleur, ou une pierre précieuse » (l. 18-23). Grâce à sa bonté et grâce au don précieux de la parole (ou encore au don qui transforme en biens précieux les paroles), elle est récompensée par l'amour, le mariage et l'ascension sociale. Au contraire, sa méchante demi-sœur est punie : « — Vous n'êtes guère honnête, reprit la fée sans se mettre en colère. Eh bien ! puisque vous êtes si peu obligeante, je vous donne pour don qu'à chaque parole que vous direz, il vous sortira de la bouche ou un serpent ou un crapaud» (l. 52-55). De même, on pourrait analyser une autre fonction corporelle exceptionnelle, celle de l'âne qui, plutôt que de déféquer, excrète des pièces d'or dans *Peau d'Âne*. Encore ici, c'est au bénéfice de celui qui trône au sommet de la société, le roi. Même les animaux royaux sont exceptionnels!

L'amour

Manger et aimer se conjuguent assez souvent dans les *Contes*, et les psychanalystes en font leurs délices, voyant là une forme de fétichisme. Plus haut, nous avons vu le prince manger, dévorer des yeux Cendrillon plutôt que le buffet! Perrault reprend la même association entre nourriture et amour dans *La Belle au bois dormant*: «[…] tout le palais s'était réveillé avec la princesse; chacun songeait à faire sa charge, et comme ils n'étaient pas tous amoureux, ils mouraient de faim; la dame d'honneur, pressée comme les autres, s'impatienta, et dit tout haut à la princesse que la viande était servie» (l. 163-166). Les amoureux n'ont besoin que d'amour et d'eau fraîche, dit-on. Et quand ils se rendent enfin compte qu'il faut manger, ils se paient, comme nous le faisons un soir de Saint-Valentin, un souper romantique tout en musique: «Ils passèrent dans un salon de miroirs, et y soupèrent, servis par les officiers de la princesse; les violons et les hautbois jouèrent de vieilles pièces» (l. 171-173). Allons un peu plus loin: le baiser n'est-il pas un acte qui rappelle la prise alimentaire? On porte le délicat morceau à sa bouche, on le hume, on en apprécie les parfums avant d'écarter les lèvres et d'en savourer la forme, la tendreté, la saveur. La bouchée roule en bouche, s'éternise sur la langue avant de se terminer en un plaisir à nul autre pareil. N'est-ce pas ainsi que nous imaginons tous le baiser amoureux parfait, celui qui devrait clore tous les contes?

La mort

Mais ici comme ailleurs, on décèle un double sens: «— Ma mère-grand, que vous avez de grands bras! — C'est pour mieux t'embrasser, ma fille» (*Le Petit Chaperon rouge*, p. 44, l. 53-54). Tout lecteur sait exactement que cet échange verbal ne se termine pas en baisers et en embrassades: le loup avale toutes crues la fillette et sa mère-grand! L'humain est ici confronté à la bête, le civilisé au barbare, la culture à l'impitoyable nature, où le faible finit dans le ventre du prédateur. L'acte de manger, le rapprochement entre la mort et la boucherie servent en effet de menace. Le Chat botté épouvante les paysans et les moissonneurs : s'ils ne disent que les champs où ils travaillent appartiennent « à Monsieur le Marquis de Carabas, [ils seront] tous hachés menu comme chair à pâté » (l. 76-77 et l. 88-89). Plus menaçant encore, l'ogre du *Petit Poucet* fulmine :

> « — Je sens la chair fraîche, te dis-je encore une fois, reprit l'ogre, en regardant sa femme de travers, et il y a ici quelque chose que je n'entends pas.
>
> En disant ces mots, il se leva de table, et alla droit au lit.
>
> — Ah ! dit-il, voilà donc comme tu veux me tromper, maudite femme ! Je ne sais à quoi il tient que je ne te mange aussi ; bien t'en prend d'être une vieille bête. Voilà du gibier qui me vient bien à propos pour traiter trois ogres de mes amis qui doivent me venir voir ces jours ici » (l. 150-158).

Face à l'ogre, être mi-humain, mi-animal, les personnages envisagent le spectre de la mort la plus atroce. Déchus de leur humanité, ils sont considérés, au même titre que les animaux de basse-cour, comme de la simple viande. Mourir sous le couteau et entre les dents d'un monstre cannibale représente la pire chose qui soit.

AIMER

Si l'on n'accorde aux *Contes* qu'un regard superficiel, il pourrait sembler que le seul amour qui compte est celui que le lecteur attend à la fin : ils se marièrent et eurent beaucoup d'enfants. Suit le baiser final des films d'amour, et nous voilà satisfaits que la princesse et le prince coulent des jours heureux après avoir traversé victorieusement les épreuves. En fait, Perrault ne clôt aucun de ses contes par cette phrase et ce baiser célèbres. Dans *Peau d'Âne*, les termes sont plutôt ceux-ci : « Et le prince son cher amant, / De cent plaisirs l'âme comblée, / Succombait sous le poids de son ravissement. [...] Dans ce moment la marraine arriva / Qui raconta toute l'histoire, / Et par son récit acheva

/ De combler Peau d'Âne de gloire» (v. 533-535 et v. 564-567). La formule consacrée ne figure pas non plus dans *Le Chat botté* : «Le marquis, faisant de grandes révérences, accepta l'honneur que lui faisait le roi, et dès le même jour épousa la princesse. Le chat devint grand seigneur, et ne courut plus après les souris que pour se divertir» (l. 140-143). Ni même dans *Cendrillon* : «On la mena chez le jeune prince, parée comme elle était : il la trouva encore plus belle que jamais, et peu de jours après il l'épousa. Cendrillon, qui était aussi bonne que belle, fit loger ses deux sœurs au palais, et les maria dès le jour même à deux grands seigneurs de la cour» (p. 69, l. 194-198). Quant à Riquet à la houppe, ce n'est qu'après une âpre discussion, voire presque des menaces, qu'il obtient le consentement de la jolie princesse qu'il convoite : pas un mot sur leur bonheur futur ni sur leurs enfants à venir non plus! Plus variées et subtiles que dans les versions populaires ou «disneyiennes», les leçons sur l'amour portent, dans les textes originaux des *Contes* de Perrault, sur plusieurs formes, plusieurs modèles d'amour, en plus de l'amour passionnel que retient souvent le souvenir.

L'amour matrimonial

Cette forme d'amour unit des couples mariés de longue date, comme Blaise et Fanchon, les bûcherons des *Souhaits ridicules*. Ici, on parlerait presque de l'amour-habitude d'un vieux couple dont les enfants auraient quitté le foyer. Leur simplicité, leur condition modeste les apparentent aux parents du petit Poucet : ils se sont aimés, au point d'engendrer sept enfants, mais les soucis, la misère et la pauvreté dévorent ce qui reste de leur amour mutuel. On peut imaginer qu'il en va de même de la majorité des couples parentaux, rois et reines des autres contes, qui coulent, des années durant, un bonheur tranquille qu'ils partagent entre leur conjoint et leur progéniture. Une nuance cependant : plusieurs voient cet amour durable abruptement interrompu. Le cas le plus tragiquement décrit est celui du père dans *Peau d'Âne*, dont la femme meurt trop tôt, alors qu'il en est encore follement amoureux. On trouve d'autres veufs, comme la mère du conte *Les Fées* et le père de Cendrillon. Ce dernier a probablement connu le bonheur matrimonial avec une femme qui lui a donné «une jeune fille [...] d'une douceur et d'une bonté sans exemple ; elle tenait cela de sa mère, qui était la meilleure personne du monde » (p. 63, l. 4-6). Quel renversement de situation pour cet homme qui marie en secondes noces la marâtre que l'on sait !

L'amour parental

L'amour des pères et des mères envers leurs enfants est inconditionnel et aveugle. Les parents dans *La Belle au bois dormant* sont prêts à tout pour sauver leur fille chérie, y compris ruiner une industrie, annihiler une activité millénaire en interdisant l'usage des fuseaux. Cet amour se divise en sous-catégories. L'amour incestueux du père, dans *Peau d'Âne* : en convoitant sa propre fille, il viole l'interdit ultime et déclenche une machine infernale qui le privera de sa présence jusqu'à ce qu'il se soit repenti. Les parents de Riquet à la houppe acceptent « un fils si laid et si mal fait qu'on douta longtemps s'il avait forme humaine » (l. 1-2). Ceux du petit Poucet aiment à ce point leurs rejetons qu'ils sont incapables de les regarder mourir de faim. Dans d'autres cas, on comprend moins l'amour maternel ou paternel pour des êtres vils et haïssables : comment la belle-mère de Cendrillon peut-elle préférer ses ignobles filles à la belle et gentille Cendrillon ? Même situation dans *Les Fées* où, contraste encore plus vif, la belle régurgite des fleurs et des pierres précieuses, et la laide, des crapauds et des serpents. La mère du criminel, paraît-il, pardonne tout à son fils, parce que c'est son enfant, justement. Ainsi, la cane qui se croit mère du vilain petit canard le traite comme son fils : malgré l'évidente différence, malgré les commentaires désobligeants de toute la collectivité des canards, elle persiste. Rien ne viendra à bout de sa foi maternelle envers son affreux caneton. À l'opposé, on pourrait voir une sorte d'insensibilité maternelle dans le fait que la mère de l'héroïne livre sa fille à un monstre tel que la Barbe bleue. Bon, il est riche, c'est vrai, mais est-ce suffisant pour que « la cadette [commence] à trouver que le maître du logis n'avait plus la barbe si bleue, et que c'était un fort honnête homme » (l. 19-21) ? Et que dire de l'ogre qui couronne d'or ses sept filles dans *Le Petit Poucet* ? La beauté est bien dans l'œil de celui qui regarde !

L'amour filial

Corollaire du précédent, l'amour filial est celui que les enfants vouent à leurs parents. Toutes les filles, tous les fils sont obéissants. L'image même de la petite fille modèle est le Petit Chaperon rouge. Innocente, pure, ingénue, elle traverse la forêt pour livrer des victuailles à sa grand-mère. Le fils du meunier accepte après quelques larmes son triste sort, encouragé, il est vrai, par un chat qui lui fait de belles promesses. Avant de devenir Peau d'Âne, la jeune princesse tente, probablement aussi bien par amour filial que par répugnance, de tempérer les désirs contre nature de son père, tout au moins de lui en faire comprendre l'odieux par des demandes excessives. L'amour fraternel est de la même eau : Cendrillon pardonne à ses vilaines sœurs, allant jusqu'à leur trouver à chacune un mari prestigieux. L'héroïne de *La Barbe bleue* et le petit Poucet partagent avec leurs frères une partie de leur félicité en leur achetant des charges et des offices, c'est-à-dire des emplois agréables et rémunérateurs.

En somme, le message sur l'amour n'est pas si univoque et monolithique qu'une lecture superficielle le laisse penser. Les leçons de vie sur l'amour sont diverses, car chaque conte ajoute un aspect, une nuance, une dimension à ce sentiment aux formes multiples.

MOURIR

Un survol des contes peut faire croire que la mort y est traitée avec légèreté. Souvent, elle survient sans raison ou, pire encore, pour des causes banales. Dans *La Belle au bois dormant*, la vieille fée prononce sans sourciller l'arrêt de mort de la princesse le jour même de son baptême, pour une triviale question d'invitation oubliée. Heureusement, la peine est commuée par une autre fée en un sommeil de 100 ans. Plus tard, cette même princesse et ses enfants échappent de justesse à une ogresse qui est la belle-mère de l'une et la grand-mère des autres. Le Petit Chaperon rouge et sa mère-grand sont dévorées par le loup. Les frères Grimm les ressuscitent, mais Perrault termine son conte par leur disparition pure et simple dans l'estomac de la bête. La Barbe bleue a tué toutes ses épouses et conservé leur corps maculé de sang dans un macabre cabinet, et il menace de récidiver simplement pour punir sa plus récente femme de sa curiosité! Le dénouement est avantageux pour cette dernière, car ses frères «lui passèrent leur épée au travers du corps, et le laissèrent mort» (l. 154-155). Son sort est réglé en à peine 10 mots! Le Chat botté se débarrasse de l'ogre aussi facilement que d'une souris: il «ne l'eut pas plus tôt aperçue qu'il se jeta dessus et la mangea» (l. 120-121). La sœur aînée, dans *Les Fées*, finit seule et abandonnée sans que quiconque manifeste le moindre regret. À quoi doit-elle sa mort déshonorante? Au fait que, comme sa mère, elle est «désagréable» et «orgueilleuse» (l. 3)… On tue, on meurt, on dévore, on assassine sans même un soupçon de regret. Le méchant périt? Bon débarras! Et si le bon encourt un risque, on s'attend à ce qu'il le surmonte au bout du compte, et même qu'il bénéficie de la mort du méchant.

Comme nous l'avons vu pour les autres thèmes, le message n'est cependant pas si grossier qu'il n'y paraît. D'abord, parce que la mort n'est jamais vraiment la mort. On ne voit ni les larmes des proches de la victime, ni le cortège funèbre où chacun pleure, ni l'enterrement où la famille salue une dernière fois le père pourvoyeur, ni la tristesse de leur vie après qu'ils ont perdu l'être cher, ni la misère où ils sont plongés, ni la famine qui les guette… Comment peut-on croire que les mots qui suivent décrivent en fait un cadavre? «On eût dit d'un ange, tant elle était belle; car son évanouissement n'avait pas ôté les couleurs vives de son teint: ses joues étaient incarnates, et ses lèvres comme du corail» (*La Belle au bois dormant*, l. 67-69). Rien ici ne rappelle le véritable état d'une personne décédée. Au fond, le lecteur n'a affaire, la plupart du temps, qu'à un simulacre de mort, sans aucune des conséquences désastreuses. C'est comme si l'on ne nous parlait que du repas des funérailles et du somptueux héritage!

En une seule occasion, Perrault se laisse aller à quelque lyrisme, au début de *Peau d'Âne*: «La reine entre ses bras mourut, / Et jamais un mari ne fit tant de vacarmes. / À l'ouïr sangloter et les nuits et les jours, / On jugea que son deuil ne lui durerait guère, / Et qu'il pleurait ses défuntes amours / Comme un homme pressé qui veut sortir d'affaire» (v. 94-99). Ce lyrisme est bien vite tempéré par les intérêts du royaume et par le fait que le roi semble bien «pressé [de se] sortir d'affaire»! Dans les contes, on ne reste pas veuf bien longtemps. Plusieurs contes s'ouvrent sur une scène où l'on voit une pauvre et gentille orpheline dont abusent une marâtre et des sœurs antipathiques (*Cendrillon*, *Les Fées*), ou un fils un peu niais qui ne sait comment se sortir d'affaire, n'ayant à peu près rien reçu en héritage (*Le Chat botté*). Le père est mort, mais le conte ne consacre pas même une ligne à cet évènement qui, en fait, est l'élément déclencheur. Partout, les pleurs et le chagrin sont sous-entendus.

En somme, la mort n'a pas la même valeur selon qu'elle arrive au bon ou au méchant, selon qu'elle se produit au début — parfois même avant — ou à la fin du conte, selon qu'elle passe pour équitable sentence ou injuste fatalité. Elle n'est en tout cas pas la fin irrévocable, l'inéluctable fatalité qu'elle est pour nous tous.

JUGEMENTS CRITIQUES DE L'ŒUVRE

On pourrait conclure en constatant combien le portrait que Perrault a tracé du fabuliste La Fontaine ressemble à celui qu'on pourrait faire de Perrault, le conteur : « *Non seulement il a inventé le genre [...] où il s'est appliqué, mais il l'a porté à la dernière perfection ; de sorte qu'il est le premier, et pour l'avoir inventé, et pour y avoir tellement excellé que personne ne pourra jamais avoir que la seconde place en ce genre d'écrire.* »

Catherine Magnien, citant *L'Éloge des hommes illustres* de Perrault dans *Contes*, Paris, Librairie générale française, Le Livre de poche, coll. « Classiques de poche », 2006, p. 57.

Le test est facile à faire, il est recommandé par le docte professeur J. R. R. Tolkien, inventeur de l'*heroic fantasy* avec son célébrissime *Seigneur des anneaux* ; prononcez la formule « conte de fées » et demandez de citer un titre. L'écrasante majorité des réponses nommera une histoire due à Charles Perrault.

Faites le test vous-même… Cendrillon, la Belle au bois dormant, le Petit Chaperon rouge, Barbe bleue… Popularisés par de nombreuses éditions et adaptations, les *Contes* de Perrault n'ont jamais cessé d'être lus, racontés, réécrits depuis leur parution en 1697.

Annie Collognat et Marie-Charlotte Delmas, dans *Les Contes de Perrault dans tous leurs états,* Paris, Omnibus, 2007, p. III.

Les *Histoires ou Contes du temps passé* marquent la naissance d'un genre où se cristallise une mode restée en quête, jusque-là, de sa forme propre et de son expression littéraire. Ils seront suivis par une soudaine éclosion d'ouvrages auxquels ils survivront à peu près seuls.

Jean-Pierre Collinet, dans *Contes,* Paris, Gallimard, coll. « Folio classique », 2007, p. 44.

Le plaisir et l'enchantement que nous éprouvons quand nous nous laissons aller à réagir à un conte de fées viennent non pas de la portée psychologique du conte (qui y est pourtant pour quelque chose) mais de ses qualités littéraires. Les contes sont en eux-mêmes des œuvres d'art. S'ils n'en étaient pas, ils n'auraient pas un tel impact psychologique sur l'enfant.

Bruno Bettelheim, *Psychanalyse des contes de fées,*
Paris, Robert Laffont, coll. « Pocket », 2007, p. 25-26.

[Les *Contes* de Perrault] furent relégués dans les éditions enfantines qui les abrégeaient, déformant souvent le texte original. Au XIXᵉ siècle fut enfin reconnue la valeur littéraire des contes de Perrault. Ils constituent l'œuvre française la plus traduite dans le monde. Si la plupart des enfants les connaissent même avant de savoir lire, bien des adultes estiment que ce recueil s'adresse autant à eux qu'aux enfants.

Marie-Hélène Philippe et Cécile Arsène, *Contes de Perrault. Un genre:
le conte merveilleux,* Paris, Hatier, coll. « Œuvres et thèmes », 2008, p. 7.

LE LOUP ET LA MÈRE-GRAND.

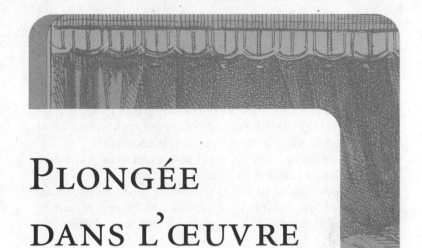

PLONGÉE
DANS L'ŒUVRE

QUESTIONS SUR LES CONTES
LES SOUHAITS RIDICULES

Questions globales sur le texte

1. Résumez ce conte en vers en vous assurant d'indiquer clairement les personnages, leurs actions et les lieux où elles prennent place.

2. Quel est le sujet de conversation préféré des « précieuses », selon ce conte ? Pour étoffer votre réponse, référez-vous à la « Présentation de l'œuvre », en particulier aux sections portant sur les arts, la langue et les salons.

3. La dernière strophe (v. 150-154) constitue la morale. Expliquez le sens de ces cinq vers (au besoin, récrivez-les en langage clair) et cherchez ce qui, dans le conte, concorde avec cette moralité.

Compréhension

1. Qui apparaît au bûcheron dans la forêt ? Cherchez dans le dictionnaire des renseignements sur ce personnage.

2. Quelle est la première réaction du bûcheron face à cette apparition ? Expliquez-la brièvement.

3. Quelle mise en garde ce personnage adresse-t-il au bûcheron ?

4. Quels noms portent le bûcheron et son épouse ?

5. Quelle résolution prennent d'abord les époux concernant la décision à prendre ?

6. Expliquez les trois souhaits formulés par les deux personnages, en précisant qui les fait et quelles en sont les conséquences immédiates.

7. Résumez les arguments exposés dans le conte pour décider si Fanchon doit ou non conserver un nez en forme de boudin.

Style

1. Dans les 20 premiers vers, à qui renvoient les pronoms « je » et « vous » ?

2. La deuxième strophe (v. 21-28) résume la vie du bûcheron dans la situation initiale du conte. Relevez les termes et expressions qui traduisent le mieux cette situation. Qu'observez-vous ?

3. Le début de la quatrième strophe (v. 47-58) décrit une situation
   tout à l'opposé de celle décrite dans la deuxième (question
   précédente). Relevez et expliquez les termes qu'emploie l'auteur
   pour décrire cette nouvelle situation.
4. Relevez les injures que les époux s'adressent l'un à l'autre.
5. Cherchez dans le dictionnaire les diverses significations du mot
   «boudin» et recopiez celles qui s'appliquent aux personnes.
   Quelle connotation ressort de l'emploi de ce terme?

Débat

1. Êtes-vous d'accord avec Perrault lorsqu'il affirme, au sujet des
   gens misérables, «que peu d'entre eux sont capables / De bien
   user des dons que le Ciel leur a faits» (v. 153-154)? Les gens
   ordinaires sont-ils vraiment condamnés à la misère? Qu'est-ce
   qui peut être fait pour leur éviter ce sombre destin?

p. 4-9 — EXTRAIT 1

Sujet d'analyse

1. Prouvez que Perrault dépeint les paysans sous un jour négatif en
   leur attribuant surtout des défauts.

Vers la dissertation

1. À la fin du conte, la situation du bûcheron et de son épouse est-elle
   pire ou meilleure qu'au début? Appuyez votre prise de position
   tant sur les idées que sur les choix stylistiques de l'auteur.

PEAU D'ÂNE

Questions globales sur le texte

1. Dressez un portrait des deux aspects opposés de la fille du roi en
   relevant les passages descriptifs de son apparence de princesse
   et ceux de son apparence de gardienne de basse-cour.
2. Par quels aspects, surtout, le conte *Peau d'Âne* ressemble-t-il
   à *Cendrillon*?

3. Résumez les morales qui se trouvent dans les quatre dernières strophes (v. 568-591). Précisez à quelles parties du conte chaque élément renvoie.

Compréhension

1. Au début de ce conte, de combien de membres se compose la famille du roi ? Précisez qui ils sont.

2. Quelle est la source de la richesse du roi ?

3. Quelle exigence la reine formule-t-elle au roi sur son lit de mort ? Au fond d'elle-même, quel espoir secret entretient-elle en faisant cette demande ?

4. Quelle est la seule personne digne du serment fait par le roi à la reine mourante ?

5. Quelles exigences impose la princesse, conseillée par la fée, avant d'accepter le mariage incestueux ?

6. Quelle menace profère le roi envers les tailleurs de son royaume ?

7. Retrouvez les mots employés par Perrault pour désigner les ouvriers qui fabriquent chacune des trois robes exigées par la princesse. Qu'est-ce que ces trois mots nous apprennent au sujet de la matière ou de la technique avec laquelle chacune est fabriquée ?

8. Combien de temps prend la fabrication de la première robe ? de la seconde ? et de la troisième ?

9. En vous fondant sur les descriptions de Perrault, dites de quelle couleur est chacune des trois robes.

10. La fée est persuadée que le roi refusera de satisfaire le dernier vœu de sa fille, c'est-à-dire de tuer l'âne magique. Sur quel argument se fonde-t-elle ?

11. Voyant que le subterfuge des requêtes exagérées ne fonctionne pas, quel conseil la marraine donne-t-elle à la princesse ?

12. Expliquez comment la princesse pourra transporter avec elle tous ses biens précieux. Faites la liste de ce qu'elle y a déposé.

13. Ayant fui le royaume de son père, quel travail la princesse trouve-t-elle ? Cherchez dans le dictionnaire le sens de ce mot pour vérifier s'il convient à la situation.

14. Comment les valets la traitent-ils ?

15. À quoi la princesse passe-t-elle ses dimanches après-midi ?

16. Le prince tombe par hasard sur Peau d'Âne. Par quel moyen l'observe-t-il à la dérobée ?

17. Qu'est-ce qui empêche le prince d'enfoncer la porte quand il épie Peau d'Âne ?

18. Dans sa hâte, en faisant un gâteau pour le prince, quelle gaffe commet la princesse ?

19. Quels moyens emploient certaines jeunes filles pour tenter de réduire la taille de leur annulaire ?

20. Qui sont les premières jeunes filles à faire l'essai de l'anneau ?

21. Quelles sont les deux surprises que Peau d'Âne provoque devant toute la cour ?

22. Quels deux invités-surprises se présentent au mariage du prince et de Peau d'Âne ?

Style

1. Dans la première strophe, Perrault donne son opinion sur l'art et la littérature. Résumez son point de vue et dites à quoi cet avis s'oppose. Quel procédé renforce cette opposition ?

2. Après avoir relu les vers 21 à 46, dressez, en trois tableaux distincts, la liste des termes positifs employés pour décrire le roi, la reine et leur palais.

3. Par quelle expression l'auteur fait-il comprendre que la princesse est fille unique ?

4. Quels procédés stylistiques dominent dans la description de l'âne, entre les vers 47 et 58 ?

5. Quelles expressions des vers 59 à 69 amènent le lecteur à pressentir la mort tragique de la reine ? Dans cette même strophe, comment l'auteur décrit-il la maladie qui l'emporte ?

6. Expliquez le sens des vers 94 à 99 et observez-y les principaux procédés stylistiques.

7. Entre les vers 112 et 218, cherchez les expressions employées par l'auteur pour prouver que l'amour rend déraisonnable.

8. Relevez les termes importants de la description des trois robes exigées et reçues par la princesse.

9. Entre les vers 254 et 265, l'auteur emploie à plusieurs reprises l'énumération. Relevez ces énumérations et expliquez-en l'effet.

10. Relevez, entre les vers 275 et 314, les caractéristiques de la métairie où se réfugie la princesse. Quels procédés stylistiques dominent dans cette description ?

11. Comparez la description du roi au début du conte à celle du prince aux vers 315 à 321. Que pense la princesse de ce dernier ?

12. Étudiez la description de la princesse entre les vers 338 et 354. Comparez-la avec la description faite de Peau d'Âne entre les vers 371 et 391.

13. Expliquez le sens de l'expression « De l'amour c'est le vrai remède » (v. 374).

14. Relevez les expressions liées à la langueur amoureuse du prince entre les vers 359 et 387.

15. Reformulez les déclarations de Perrault sur la vue et la femme (v. 412-419).

16. Faites la liste des jeunes filles qui se présentent pour faire l'essai de l'anneau. Que constatez-vous ?

Débat

1. Les moralités énoncées par Perrault sont-elles encore valides de nos jours ? Sont-elles au contraire dépassées ?

2. Dressez la liste des caractéristiques de la compagne ou du compagnon idéal avec qui vous aimeriez partager votre vie. Expliquez si vos attentes sont réalistes ou non. Comparez-les avec les qualités que Perrault attribue aux amoureux de ce conte.

3. L'image de la femme belle, douce et gentille, obéissante et modeste vous semble-t-elle toujours d'actualité ? Est-ce un comportement souhaitable pour trouver un compagnon de vie ? La femme épanouie, qui s'affirme et se libère, risque-t-elle de rester seule ?

p. 22-26   **EXTRAIT 2**

Sujet d'analyse

1. Analysez le coup de foudre qui frappe le prince aussi bien que Peau d'Âne, et faites ressortir les étapes ou les phases que tous

deux traversent. Les questions suivantes vous aideront à déterminer les thèmes et les éléments de style qui les mettent en évidence.

Compréhension

1. Pourquoi le prince se rend-il parfois dans la ferme où travaille Peau d'Âne?

2. Trouvez deux passages qui montrent que l'attirance de Peau d'Âne à l'égard du prince est partagée.

3. Faites la liste des divertissements habituels d'un prince, selon cet extrait.

4. Quelles précautions prend Peau d'Âne avant de cuisiner la galette pour le prince?

5. Quel « ingrédient » incongru se retrouve dans la pâte? Selon le texte, y est-il tombé par hasard ou non?

6. Quels défauts ou qualités propres aux femmes, selon l'auteur, sont nommés entre les vers 407 et 422?

7. Quels aspects de l'anneau retiennent surtout l'attention du prince?

8. Quel effet physique visible la maladie d'amour a-t-elle sur le prince?

9. Quel est le remède à la maladie d'amour, selon cet extrait?

10. Comment le prince voit-il ce remède?

Style

1. Au début de l'extrait, l'auteur dépeint le prince. Relevez les termes qui le décrivent, puis précisez quels sont les procédés employés.

2. Quelle expression prouve que le prince est victime d'un coup de foudre? Quel procédé stylistique y trouve-t-on?

3. Relevez les passages où l'amour, dans cet extrait, est associé à une maladie.

4. Entre les vers 367 et 380, ainsi qu'entre les vers 388 et 391, le prince et son entourage font de Peau d'Âne une description diamétralement opposée. Relevez les termes qui renforcent les deux visions de ce personnage féminin.

5. Relevez les passages qui mettent en évidence l'amour maternel de la reine envers le prince.

6. Montrez que le gâteau fait par Peau d'Âne est exceptionnel.

LA BELLE AU BOIS DORMANT

Questions globales sur le texte

1. L'une des deux moralités proposées (l. 279-293) par Perrault pour le conte *La Belle au bois dormant* vous semble-t-elle plus appropriée que l'autre? Afin de prendre une décision éclairée, trouvez dans le texte des passages qui confirment l'une ou l'autre de ces deux moralités.

2. Imaginez un conte où un élément de *La Belle au bois dormant* est modifié. Par exemple, un beau prince endormi durant 100 ans réveillé par une princesse (plusieurs autres modifications peuvent être proposées). Quelles conséquences amène cette modification à la trame dramatique et à la morale? Autre exemple: imaginez un rôle plus important à la vieille dame qui file au fuseau dans un galetas du château. Quelles sont ses motivations pour défier ainsi l'interdit royal? Avait-elle l'intention de tuer la princesse? Que devient-elle après son forfait?

Compréhension

1. Voyant qu'ils ont de la difficulté à avoir un enfant, quels moyens prennent le roi et la reine pour que celle-ci tombe enceinte?

2. Pourquoi donne-t-on des fées comme marraines à la petite princesse qui vient de naître?

3. Décrivez le cadeau fait à chaque fée.

4. Pourquoi la dernière fée n'a-t-elle pas été invitée aux cérémonies du baptême?

5. Pourquoi la vieille fée se sent-elle méprisée?

6. Comment réagit une des jeunes fées, après avoir entendu les menaces grommelées par la vieille?

7. Énumérez les dons des six premières fées à la petite princesse.

8. Comment réagit aussitôt le roi à la menace proférée par la vieille fée?

9. Dans quel lieu la princesse rencontre-t-elle la vieille qui file au fuseau?

10. Énumérez les actions entreprises pour tenter de réveiller la princesse qui s'est piquée avec un fuseau.

11. Où se trouve la bonne fée au moment où la princesse s'endort? Qui la prévient de ce drame? Par quel moyen de transport et en combien de temps accourt-elle au chevet de la princesse?

12. Quel est le nom de la petite chienne de la princesse?

13. En dehors de la princesse, qui sont endormis d'un coup de baguette magique de la fée? Qui ne le sont pas?

14. Pourquoi l'interdit du roi d'approcher la princesse est-il inutile?

15. Nommez trois fausses rumeurs qui circulent au sujet du château de la Belle au bois dormant.

16. À quel signe le prince voit-il que les personnes étendues dans la cour ne sont pas mortes mais simplement endormies?

17. Après avoir passé une première nuit auprès de la princesse, le prince retrouve ses parents à la ville. Quelle explication donne-t-il de cette nuit d'absence? Quel comportement du prince suscite la méfiance de sa mère?

18. Quels noms portent les deux enfants du prince et de la princesse?

19. Quelle raison le prince a-t-il de se méfier de sa mère?

20. À quelle occasion le prince annonce-t-il qu'il est marié?

21. Pour quelle raison le jeune roi confie-t-il la régence de son royaume à sa mère?

22. Qui sauve les enfants que la reine veut manger et comment?

23. Après avoir mangé les deux enfants de son fils, que veut la reine-mère?

24. Résumez ce qui se passe dans la chambre de la jeune reine quand le maître d'hôtel vient lui annoncer qu'elle va mourir.

25. Comment la reine-mère découvre-t-elle que les trois personnes qu'elle croyait avoir mangées sont encore vivantes?

26. Après cette découverte, de quelle manière l'ogresse veut-elle faire mourir ses trois victimes?

27. Décrivez la mort de la reine-mère.

Style

1. Aux lignes 15 à 45, relevez les caractéristiques physiques et morales de la méchante fée.

2. Énumérez les qualités physiques et morales de la princesse dans les deux extraits suivants: lignes 52 à 73 et 142 à 162. En contraste avec cette liste, Perrault mentionne timidement deux traits moins élogieux au sujet de la princesse, au moment où elle se pique. Expliquez cette divergence.

3. Examinez le rôle des énumérations et autres figures d'insistance (hyperboles, répétitions, etc.) dans le paragraphe qui raconte la réaction des habitants du palais après l'évanouissement de la princesse (l. 60-73).

4. Comparez les deux descriptions de la forêt magique qui encercle le château de la princesse, aux lignes 100 à 104 et aux lignes 109 à 116. Les éléments stylistiques employés par l'auteur sont-ils semblables dans les deux cas?

5. Après le discours du vieux paysan concernant la princesse endormie dans le château, quelle expression signifie que le prince est immédiatement amoureux d'elle? Quelle expression emploie-t-on de nos jours pour signifier cela? Quelle expression est employée un peu plus bas pour indiquer que la princesse aussi est amoureuse au premier regard?

6. Étudiez la manière dont s'y prend l'auteur pour exprimer à la fois la tendresse et l'inutilité des paroles prononcées par les deux jeunes amoureux entre les lignes 153 et 162.

7. Quelle métonymie signifie que tout le monde se réveille en même temps que la princesse?

8. Quelles expressions signifient que la princesse et son entourage sont démodés?

9. Trouvez un passage où l'auteur différencie clairement le caractère du roi de celui de la reine ogresse.

10. Relevez les endroits où, dans ce conte, on décrit les caractéristiques «ogresses» de la reine-mère et précisez quels procédés sont employés.

11. Expliquez l'effet produit par la répétition de la même recette utilisée pour apprêter les enfants et leur mère.

12. Dans les passages où le maître d'hôtel est en présence des victimes que la reine-mère lui commande de tuer, il manifeste beaucoup d'émotion. Précisez les émotions ressenties et trouvez-en la preuve dans le texte.

13. Repérez au moins deux énumérations dans le paragraphe précédant la moralité du conte.

Débat

1. Il y a en fait deux ou même trois histoires dans ce conte : résumez-les en faisant ressortir les principales étapes. Quel évènement marque la coupure ? Pour chaque séquence, énoncez une morale ou un enseignement différent.

Vers la dissertation

1. Comparez le coup de foudre entre le prince et la princesse dans le présent conte (l. 143-176) et dans *Peau d'Âne* (v. 355-446).

LE PETIT CHAPERON ROUGE

Questions globales sur le texte

1. Divisez ce conte en quatre séquences, excluant la moralité, et donnez un titre à chacune. Indiquez clairement l'endroit où vous proposez une division et expliquez-en brièvement la raison.
2. Relevez les principales différences entre la présente version du conte et celle donnée par les frères Grimm.

Compréhension

1. Qui a fabriqué un chaperon rouge à la fillette de ce conte ?
2. Quelles victuailles la petite fille apporte-t-elle à sa grand-mère ?
3. Qu'est-ce qui empêche le loup de manger le Petit Chaperon rouge sur-le-champ, dès leur première rencontre ?
4. Quels repères géographiques la fillette donne-t-elle au loup pour reconnaître la maison de sa grand-mère ?
5. Après sa rencontre avec le loup, par quoi est retardée l'héroïne en chemin vers la maison de la grand-mère ?
6. Par quelle phrase célèbre la grand-mère invite-t-elle le loup à entrer, croyant qu'il s'agit de sa petite-fille ?
7. Le Petit Chaperon rouge a peur en entendant une grosse voix prononcer cette phrase même. Quelle explication se donne-t-elle pour surmonter sa crainte ?
8. Quelle étrange demande le loup fait-il à la fillette après qu'elle a rangé les provisions sur la huche ? Expliquez brièvement le rapport de cette demande avec la moralité.

Style

1. Par quels procédés stylistiques l'auteur décrit-il la fillette et la réaction qu'elle suscite dans son entourage?

2. La première conversation de la petite fille avec le loup, avant d'arriver chez la grand-mère, est marquée par les figures d'amplification. Repérez-les et expliquez leur rôle.

3. Dressez la liste des éléments répétés dans ce conte. Expliquez l'insistance de l'auteur sur ces éléments.

4. Les anaphores de la dernière séquence (l. 53-62) ont-elles la même fonction que les éléments répétés (voir question précédente)?

5. Commentez la fin brutale et funeste du conte.

6. Quels éléments stylistiques dominent dans la moralité?

Débat

1. Commentez la moralité de manière à expliquer que le conte ne s'adresse pas uniquement aux très petites filles (ni même aux très petits garçons), mais également aux adolescentes et aux jeunes femmes.

2. Pourquoi, selon vous, Perrault propose-t-il une fin tragique pour l'héroïne à sa version du conte, alors que les frères Grimm et Ferron choisissent au contraire de punir le «méchant»?

3. Des trois versions du *Petit Chaperon rouge* proposées dans ce recueil (Perrault, Grimm, Ferron), laquelle vous paraît le plus réussie? Étayez votre point de vue en donnant des preuves de réussite tirées du conte que vous préférez et des passages moins bien réussis, selon vous, dans les deux autres.

LA BARBE BLEUE

Questions globales sur le texte

1. La curiosité est-elle plutôt un défaut ou une qualité? Trouvez dans votre quotidien des exemples de curiosité malsaine et de curiosité justifiée.

2. L'épouse avait-elle des raisons valables d'être curieuse ou, au contraire, se devait-elle de respecter l'autorité de son mari? Dans la vie en général, vaut-il mieux tout faire pour satisfaire

sa curiosité ou, au contraire, doit-on plutôt respecter les règles et les interdictions ?

3. Expliquez le sens de la citation suivante, extraite de la moralité, par des exemples tirés de votre propre expérience de vie : la curiosité, « [c]'est, n'en déplaise au sexe, un plaisir bien léger ; / Dès qu'on le prend, il cesse d'être. / Et toujours il [ce plaisir] coûte trop cher » (l. 168-170).

Compréhension

1. Quelles sont les deux principales raisons qui rendent dégoûtant le personnage éponyme du conte ?

2. Par quel moyen la Barbe bleue tente-t-il de séduire l'une des deux jeunes filles ?

3. Quelles sont les principales activités des personnes rassemblées par la Barbe bleue dans sa maison de campagne ?

4. Peu après le mariage, l'époux terrible annonce à sa femme qu'il doit faire un voyage en province. Quel est le but de ce voyage et quelle en est la durée prévue ?

5. Quelle interdiction formule l'époux avant son départ ? Quelle menace accompagne cette interdiction ?

6. Que découvre la jeune épouse dans le cabinet interdit ?

7. Qu'est-ce qui trahit la jeune épouse, révélant qu'elle a pénétré dans le cabinet maudit ?

8. Quelle punition la Barbe bleue décrète-t-il pour la curiosité de son épouse ?

9. Quelle expression prouve que la Barbe bleue reste insensible aux supplications de son épouse ?

10. Quelle faveur demande l'épouse avant l'exécution de la sentence ?

11. Qui surveille les alentours pour informer la condamnée de l'arrivée des secours ? De qui l'épouse attend-elle ces secours ?

12. Comment la Barbe bleue entend-il mettre à mort son épouse ?

13. Où et comment la Barbe bleue meurt-il ?

14. Que fait l'héritière des biens légués par son vilain époux ?

15. L'auteur rédige deux moralités pour accompagner son conte, l'une pour condamner un défaut, l'autre pour décrire une différence entre autrefois et aujourd'hui. Dites quel est ce défaut et quelle est cette différence entre le passé et le présent.

Style

1. Quels moyens stylistiques l'auteur emploie-t-il, dans les deux premiers paragraphes du texte (l. 1-12), pour rendre le personnage de la Barbe bleue à la fois repoussant et attirant?

2. Dressez le champ lexical de la richesse.

3. Entre les lignes 13 et 61, relevez les mots et expressions qui traduisent l'idée du temps. Attardez-vous aussi bien aux adverbes et aux conjonctions qu'aux locutions et aux formules plus développées. Que constatez-vous?

4. Étudiez le rôle des énumérations, accumulations et gradations dans les premiers paragraphes de ce conte (du début jusqu'à la ligne 61).

5. Ce conte est fondé sur des oppositions, c'est-à-dire des affirmations contredites un peu plus loin par des affirmations contraires. Donnez au moins cinq exemples qui corroborent ce fait.

6. Étudiez le jeu des questions et expressions répétées concernant l'arrivée des deux frères. Comparez avec les expressions répétées dans *Le Petit Chaperon rouge* de Perrault: «Qui est là? — C'est votre fille le Petit Chaperon rouge. [...] — Tire la chevillette, la bobinette cherra.» Plus loin: «Ma mère-grand, que vous avez [...] — C'est pour mieux [...]»

7. La répétition des ordres et des menaces de la Barbe bleue, entre les lignes 101 et 147, joue-t-elle le même rôle?

8. Retracez dans ce conte les endroits où il est question de la mort et dégagez les sous-thèmes qui y sont liés.

9. Trouvez dans le texte des citations et des situations portant sur la curiosité ou incitant à la curiosité. Expliquez le message de l'auteur sur le sujet.

Débat

1. On doit se méfier des apparences. Discutez de ce sujet en prenant des exemples à la fois dans les contes et dans la vie courante.

2. Que pensez-vous de la façon dont la Barbe bleue est puni: méritait-il la mort? N'aurait-on pas dû lui faire un procès plutôt que de l'abattre sur place? Ce conte est-il une incitation à la vengeance plutôt qu'à la justice? Y a-t-il des ressemblances avec la façon dont sont punis les méchants dans d'autres contes?

p. 47-52   # EXTRAIT 3

Sujet d'analyse

1. Aucun des personnages de ce conte n'est totalement innocent ni coupable, car on peut reprocher quelque chose à chacun, mais on peut aussi trouver de bonnes raisons à leur conduite. Expliquez cette affirmation.

LE MAÎTRE CHAT OU LE CHAT BOTTÉ

Questions globales sur le texte

1. Le chat agit de façon machiavélique. Donnez-en au moins un exemple.
2. En y réfléchissant bien, quel message l'auteur envoie-t-il sur la noblesse et sur ceux qui bénéficient des privilèges du pouvoir et de la richesse ? Comparez l'attitude du chat à celle du seigneur de la fable *Le Jardinier et son seigneur* de La Fontaine.

Compréhension

1. Comment les trois fils se partagent-ils l'héritage que leur laisse leur père ?
2. Le troisième fils songe qu'il ne pourrait faire que deux choses de son héritage : quelles sont-elles ?
3. Quels sont les deux objets grâce auxquels le chat pense assurer le succès de son maître ?
4. Par quels « tours de souplesse » (l. 18) le chat a-t-il maintes fois montré son habileté à attraper rats et souris ?
5. Que capture le chat dans la garenne ? et dans un champ de blé ?
6. Sous quel nom le chat présente-t-il son maître au roi ? Pourquoi a-t-il choisi ce nom ?
7. Quel « conseil » insolite le chat donne-t-il à son maître, ayant appris que le roi part en promenade ?
8. Qu'est-il arrivé en réalité aux habits censés avoir été emportés par des voleurs ?
9. Comment réagit la princesse devant le fils du meunier vêtu d'habits royaux ?

10. Quelle menace le chat profère-t-il à l'endroit des paysans et des moissonneurs qu'il rencontre sur sa route?

11. Quel est le pouvoir de l'ogre de ce conte? Donnez-en deux exemples.

12. Expliquez la présence d'une collation dans une grande salle du château visité par le roi, sa fille et le marquis.

Style

1. Quel verbe du premier paragraphe indique que les hommes de loi sont voraces? Dans le paragraphe suivant, le troisième fils utilise le même verbe: a-t-il dans les deux cas le même sens?

2. Quels adjectifs l'auteur emploie-t-il pour désigner le chat et pour désigner le troisième fils du meunier dans ce conte?

3. Dressez le champ lexical de la richesse et celui de la pauvreté.

4. Trouvez les hyperboles ou exagérations qui traduisent les idées suivantes:
   a) l'héritage du troisième fils;
   b) le lieu où le chat chasse le lapin;
   c) la brièveté de l'attente lors de la chasse;
   d) la beauté de la princesse;
   e) l'attitude du roi face au prétendu marquis;
   f) la beauté du prétendu marquis;
   g) l'attitude de la princesse face au prétendu marquis;
   h) la menace du chat à l'endroit des paysans et des moissonneurs.

5. Ce texte se fonde, entre autres procédés, sur l'opposition entre le grand et le petit, le riche et le pauvre, le beau et le laid. Trouvez au moins deux exemples de chacune de ces trois oppositions.

6. Outre le segment de phrase «vous serez tous hachés menu comme chair à pâté» (l. 76-77 et l. 88-89), trouvez deux exemples de répétitions et expliquez-en brièvement le rôle.

7. Quel mot est employé pour désigner le chat aux lignes 57 à 63? Expliquez-en la connotation.

8. En général, les personnages respectent les conventions en ce qui a trait au civisme, au comportement social et à la bienséance. Mais en une occasion au moins, le roi se comporte de manière un peu commune, pour ne pas dire effrontée. Expliquez cette situation et trouvez l'expression employée par l'auteur pour l'exprimer.

Débat

1. L'un des personnages suivants aurait-il dû réagir aux affirmations mensongères du chat : le fils du meunier, le roi, les paysans et les moissonneurs ? Expliquez votre point de vue.

2. Est-il souhaitable de prendre tous les moyens pour parvenir à ses objectifs ? Quelles limites ne devrait-on jamais franchir, le cas échéant ?

3. Trouvez des exemples de personnes ou d'entreprises qui se sont enrichies en dépouillant les plus pauvres ou en profitant de la naïveté des autres. Trouvez-vous que cela est justifié et que « la fin justifie les moyens » ?

4. L'habit fait-il le moine ? Commentez cet adage à partir du film *Arrête-moi si tu peux,* mettant en vedette Tom Hanks et Leonardo DiCaprio, en comparant ces derniers avec les personnages du conte, en particulier le fils du meunier, alias le Marquis de Carabas.

p. 53-58 | **EXTRAIT 4**

Sujet d'analyse

1. Démontrez que, à l'exception du chat, tous les personnages de ce conte sont des naïfs.

LES FÉES

Questions globales sur le texte

1. Quelles ressemblances voyez-vous entre les contes *Les Fées* et *Cendrillon* ?

2. Trouvez des liens entre les romans de la série *Harry Potter* et le conte *Les Fées.*

Compréhension

1. Décrivez brièvement les deux filles de la veuve dans ce conte, en précisant à qui chacune ressemble.

2. À quelle distance de la maison se trouve la fontaine ?

3. Qu'est-ce qui prouve la malveillance de la mère envers sa fille cadette ?

4. Décrivez la personne qui demande de l'eau à la cadette et celle qui en demande à l'aînée.

5. Quel est le nom de la fille aînée?

6. Comment réagit la mère en voyant ce qui sort de la bouche de sa fille cadette? et en voyant ce qui sort de la bouche de sa fille aînée?

7. Comment réagit l'aînée quand la mère lui demande d'aller puiser de l'eau à la fontaine, ajoutant d'en offrir gentiment si une vieille dame lui demande à boire? Quelle expression traduit son attitude?

8. Qui prend pitié de la cadette qui s'est réfugiée dans la forêt après avoir été chassée de la maison par sa mère?

9. Quel est le sort finalement réservé à la fille aînée?

10. Selon la morale, qu'est-ce qui a plus de prix que l'argent et les pierres précieuses?

Style

1. Par quels moyens stylistiques l'auteur accentue-t-il la différence entre les deux sœurs?

2. Perrault associe clairement le caractère à l'apparence physique: trouvez-en des preuves grâce au vocabulaire employé par l'auteur dans ce conte.

3. Pourquoi l'auteur écrit-il qu'il sort précisément « deux roses, deux perles et deux gros diamants » (l. 28-29) de la bouche de la cadette et exactement « deux vipères et deux crapauds » (l. 58-59) de la bouche de l'aînée?

4. Quel procédé stylistique accentue la ressemblance entre la mère et la fille aînée dans le premier paragraphe ainsi que dans la dernière conversation qu'elles ont l'une avec l'autre, tout près de la fin?

Débat

1. Dans la morale, l'auteur écrit au sujet de l'honnêteté que « tôt ou tard elle a sa récompense » (l. 83). Pourtant, la mère, loin de récompenser sa fille honnête, la maltraite. Comment expliquez-vous ce fait?

Vers la dissertation

1. Montrez que, aussi bien par l'apparence que par le caractère, les sœurs dans les contes *Cendrillon* et *Les Fées* ont de nombreuses similitudes. Traitez des « bonnes » ainsi que des « méchantes ».

CENDRILLON OU LA PETITE PANTOUFLE DE VERRE

Questions globales sur le texte

1. Quelle est la qualité la plus importante de Cendrillon ? Expliquez votre point de vue en vous référant à un passage précis du texte.
2. Comparez le rôle de la fée marraine dans le présent conte et dans *Peau d'Âne*.

Compréhension

1. Comment s'explique la différence dans le traitement accordé aux trois jeunes filles de ce conte ?
2. Énumérez les « viles occupations de la maison » (l. 9-10) confiées à Cendrillon.
3. Quel autre nom méprisant donne-t-on à Cendrillon ?
4. Quel évènement déclenche dans la maisonnée un affolement au sujet du choix de vêtements, de coiffures et de bijoux ?
5. Que répond Cendrillon quand ses deux demi-sœurs lui demandent si elle aimerait, elle aussi, aller au bal ?
6. À quel moment Cendrillon se met-elle à pleurer ?
7. Décrivez brièvement comment Cendrillon obtient un carrosse, six chevaux, un cocher et six laquais.
8. Expliquez la provenance des beaux habits et des pantoufles de verre de Cendrillon.
9. Quel avertissement la fée sert-elle à Cendrillon avant son départ pour le bal ?
10. Quelles réactions l'arrivée de Cendrillon au bal déclenche-t-elle ?
11. Outre sa beauté, qu'admire-t-on chez cette princesse inconnue qu'est Cendrillon ?
12. Que partage Cendrillon avec ses sœurs, qui ignorent la véritable identité de la belle princesse ?

13. Revenue du bal, Cendrillon demande une nouvelle faveur à sa marraine. Laquelle?

14. Quel geste inattendu fait Cendrillon en allant ouvrir la porte à ses sœurs qui reviennent du bal?

15. On précise le nom d'une des demi-sœurs de Cendrillon. Quel est-il?

16. Le deuxième soir, dans quel état Cendrillon revient-elle du bal?

17. Après le départ précipité de la belle princesse, à quoi s'occupe le prince tout le reste du bal?

18. Quelles sont les deux preuves que Cendrillon est bien la princesse dont le prince est tombé amoureux au bal?

19. Une fois fiancée avec son prince, que fait Cendrillon pour ses deux demi-sœurs?

20. Selon la morale, quel don vaut mieux que la beauté?

Style

1. Dans le premier paragraphe, l'auteur emploie des superlatifs et des hyperboles qui accentuent les différences entre Cendrillon, d'une part, et la mère et ses deux autres filles, d'autre part. Relevez quelques exemples de ces exagérations et fournissez une brève explication quant à leur emploi.

2. Dressez le champ lexical des vêtements ainsi que celui de l'habitation entre les lignes 1 et 51. Que constatez-vous?

3. Dans le même passage, on parle beaucoup de coiffure. Que révèle la répétition du verbe «coiffer» et des mots de la même famille?

4. Avant la ligne 64, l'auteur n'emploie qu'une seule fois l'adjectif «belle» (l. 23), puis à partir de ce point et jusqu'à l'arrivée de la princesse inconnue au bal (à la ligne 107), cet adjectif foisonne. Relevez les répétitions de cet adjectif et indiquez à quel mot il se rapporte dans chaque cas.

5. Relevez les passages où il est question du prince et précisez les qualités qui lui sont attribuées.

6. Les hommes jouent un rôle très effacé dans ce conte. Que sait-on du père de Cendrillon et du roi?

7. L'auteur consacre un seul paragraphe à la seconde soirée de bal. Quels détails nouveaux y apprend-on? Quelle expression est

employée par euphémisme pour dire que le prince amoureux se déclare ?

Débat

1. Aux filles : aimeriez-vous avoir l'occasion de porter des vêtements semblables à ceux décrits dans ce conte ? Aux garçons : souhaiteriez-vous avoir l'occasion de vous montrer au bras d'une fille vêtue comme les belles dames de ce conte ? Expliquez votre choix.

2. On différencie assez facilement le beau du laid, mais comment discerner qu'on accorde assez ou trop d'importance à l'extérieur, à l'apparence ? Bien paraître est important, mais comment ne pas laisser la beauté prendre le pas sur le reste, c'est-à-dire sur l'intelligence, la bonté, l'éducation, etc. ?

3. La mode est-elle une source inépuisable de renouvellement ou un délire de gaspillage inutile ?

4. Trouvez une illustration ou une photo montrant la tenue vestimentaire d'une période donnée du passé, par exemple en fouillant dans l'album de photos de vos parents ou de vos grands-parents. Apportez-la en classe (une photocopie ou un fichier numérisé fera très bien l'affaire) et discutez de ce qui n'est plus à la mode depuis cette époque et de ce qui pourrait se porter encore de nos jours. Attardez-vous à plusieurs aspects, pas seulement aux vêtements : bijoux, coiffures, postures, décor et arrière-plan, etc.

RIQUET À LA HOUPPE

Questions globales sur le texte

1. Comme dans de nombreux contes, l'auteur nous incite à ne pas nous fier uniquement aux apparences. Repérez un passage ou rapportez une situation du texte qui traduit bien cette idée.

2. La beauté seule ne suffit pas : citez un extrait du présent conte qui le confirme. Trouvez un exemple dans les potins artistiques ou les reportages sur le jet-set d'aujourd'hui.

Compréhension

1. Quelles sont les deux qualités et quel est le don que manifestera Riquet à la houppe, selon une fée présente à sa naissance?

2. Décrivez les deux princesses qui voient le jour dans un royaume voisin, sept ou huit ans après la naissance de Riquet.

3. Quel don la fée accorde-t-elle à la cadette de ces deux princesses?

4. Qu'arrive-t-il aux deux princesses, au fur et à mesure qu'elles grandissent?

5. Donnez deux exemples qui prouvent la stupidité de l'aînée et deux exemples de sa maladresse.

6. Laquelle des deux sœurs attire le plus de gens autour d'elle? Expliquez brièvement pourquoi.

7. Comment Riquet est-il devenu amoureux de l'aînée des deux princesses?

8. Selon Riquet, qu'est-ce qui indique par-dessus tout qu'une personne a vraiment de l'esprit?

9. Quelle condition impose Riquet à la princesse avant de lui « donner de l'esprit autant qu'on en saurait avoir » (l. 83-84)?

10. Que fait la princesse aussitôt après que Riquet lui a accordé le don d'avoir de l'esprit?

11. Quelle est la seule personne qui ne soit pas contente de voir la princesse avoir soudain de l'esprit? Donnez une brève explication.

12. Comment réagit la princesse quand de nombreux princes des royaumes voisins la demandent en mariage?

13. Un an après sa première visite dans la forêt, la princesse y retourne et entend quelque chose de bizarre sous ses pieds. De quoi s'agit-il?

14. Quelle explication est donnée dans le texte sur le fait que la princesse avait oublié sa promesse d'épouser Riquet?

15. Selon Riquet, quel don a fait une fée à la princesse?

16. Ayant appris qu'elle possède ce don, que fait la princesse?

17. Selon les qu'en-dira-t-on, quelle est la véritable source de la transformation de Riquet?

Style

1. Cherchez le mot « esprit » dans le dictionnaire et déterminez les divers sens et connotations du mot dans les phrases suivantes. Ensuite, relevez dans le texte le passage qui traduit le mieux, selon vous, le sens du mot « esprit » dans ce conte.

   a) « [...] il ne laisserait pas d'être aimable, parce qu'il aurait beaucoup d'esprit [...] » (l. 3-4).

   b) « Comme plus on a d'esprit et plus on a de peine à prendre une ferme résolution sur cette affaire, elle demanda, après avoir remercié son père, qu'il lui donnât du temps pour y penser » (l. 119-121).

   c) « Ce qui faisait qu'elle ne s'en souvenait pas, c'est que, quand elle fit cette promesse, elle était bête, et qu'en prenant le nouvel esprit que le prince lui avait donné, elle avait oublié toutes ses sottises » (l. 146-148).

   d) « [...] si j'avais affaire à un brutal, à un homme sans esprit, je me trouverais bien embarrassée » (l. 159-160).

   e) « Ils disent que la princesse ayant fait réflexion sur la persévérance de son amant, sur sa discrétion, et sur toutes les bonnes qualités de son âme et de son esprit [...] » (l. 199-202).

   f) « [...] leur dérèglement passa dans son esprit pour la marque d'un violent excès d'amour [...] » (l. 207-208).

2. Dressez le champ lexical de la beauté et celui de la laideur.

3. Comparez la description de la laideur de Riquet à la houppe dans le premier paragraphe du conte (l. 1-13) et dans l'avant-dernier paragraphe avant la moralité (l. 198-209). Que constatez-vous ? Trouvez au moins un autre passage où l'on donne des détails sur l'apparence physique de Riquet.

4. Faites la liste des expressions et des termes employés par l'auteur pour décrire la tristesse de la princesse aînée.

5. Que signifie l'expression « il la faisait la maîtresse sur le choix d'un époux » (l. 117-118) ? À partir de vos connaissances sur cette époque, expliquez pourquoi cela est étonnant. Avec quel passage du dernier paragraphe avant la moralité (l. 210-216) cette expression est-elle en contradiction ?

6. Quel terme de mépris est employé pour désigner la princesse cadette, après la transformation de l'aînée? Donnez les deux sens de ce mot selon le dictionnaire.

7. Peu de temps après sa transformation en personne intelligente, la princesse voit se multiplier les demandes en mariage. Quel euphémisme l'auteur emploie-t-il pour dire que l'un des princes en question l'attire plus que les autres?

8. Quel sens faut-il donner au verbe «rêver», employé deux fois entre les lignes 122 et 127?

9. Quels évènements magiques se produisent tout juste avant la deuxième rencontre entre la princesse et Riquet?

10. Quels passages du texte laissent planer le doute sur le fait que Riquet ait vraiment été transformé en beau prince?

Débat

1. En vous référant à la fin du texte et à la moralité, discutez du rôle de la magie, de l'illusion et de l'amour dans ce conte.

2. Pour assurer la réussite sociale, la beauté est un atout aussi important, sinon plus, que l'intelligence. Débattez du sujet en donnant des exemples de personnalités qui ont réussi grâce à leur belle apparence, du moins en partie.

3. À votre avis, ce conte est-il destiné plutôt à des enfants ou à des adultes?

LE PETIT POUCET

Questions globales sur le texte

1. Vous avez certainement lu ou entendu ce conte dans votre enfance. Quelles variantes, quelles différences voyez-vous entre la présente version et l'histoire dont vous vous souvenez?

2. Quel message l'auteur envoie-t-il concernant les personnes de petite taille? Trouvez un proverbe ou un dicton qui résume sa pensée.

3. Quelles sont les principales qualités du personnage principal?

Compréhension

1. Quel métier exercent les parents de Poucet?
2. Combien d'enfants ont-ils? Quel âge ont-ils?
3. D'où vient le nom Poucet?
4. À quelle résolution la famine force-t-elle les parents?
5. Où est caché le petit Poucet quand il entend ses parents prendre cette décision?
6. Grâce à quel stratagème le petit Poucet retrouve-t-il le chemin de la maison?
7. Quelle bonne nouvelle apprennent les parents en revenant chez eux?
8. Que font les parents de la somme inattendue qui leur est remise?
9. Quel reproche l'épouse fait-elle au mari après le souper?
10. Quel prénom porte le père? Et quel est le prénom du fils aîné?
11. Pour quelle raison le fils aîné est-il le préféré de la mère?
12. La deuxième fois où les parents vont perdre en forêt leurs enfants, Poucet ne peut se procurer des cailloux blancs. Qu'est-ce qui l'en empêche? Que prend-il à la place?
13. Pourquoi le petit Poucet ne peut-il trouver le chemin de la maison la seconde fois où les enfants sont perdus en forêt?
14. Comment les enfants repèrent-ils la maison de l'ogre?
15. Pourquoi la femme qui les accueille à la porte se met-elle à pleurer en voyant les pauvres enfants?
16. Expliquez pourquoi l'ogre ne tue pas sur-le-champ les enfants.
17. Après avoir été mis au lit avec ses frères, comment le petit Poucet réussit-il à berner l'ogre?
18. Quelle est la première chose que fait la femme de l'ogre en voyant ses filles égorgées et baignant dans leur sang?
19. Alors qu'il talonne Poucet et ses frères, pourquoi l'ogre doit-il cesser sa poursuite et se reposer?
20. Comment le petit Poucet berne-t-il la femme de l'ogre et la force-t-il à lui donner leur fortune?
21. Quelle preuve de la véracité de ses dires Poucet offre-t-il à la femme de l'ogre?
22. Énumérez quelques missions remplies par le petit Poucet grâce à ses bottes de sept lieues.

Style

1. Combien d'années a-t-il fallu aux parents pour avoir leurs sept enfants? Précisez comment on peut faire le calcul et quelle phrase renforce cette rapidité.

2. Dans les premiers paragraphes, comment l'auteur appuie-t-il l'idée de pauvreté?

3. Quels euphémismes sont employés au début du conte pour traduire les deux idées suivantes: «la pauvreté fut encore plus grande cette année-là» et «abandonner les enfants»?

4. Cherchez dans le dictionnaire les divers sens du mot «perdre». Déterminez lesquels s'appliquent à l'expression «perdre [l]es enfants» (l. 25).

5. Expliquez le sens du passage suivant: «[...] il était de l'humeur de beaucoup d'autres gens, qui aiment fort les femmes qui disent bien, mais qui trouvent très importunes celles qui ont toujours bien dit» (l. 72-74).

6. À l'aide d'un dictionnaire, donnez le sens propre et le sens figuré du mot «faux-fuyant» (l. 103-104).

7. Entre les lignes 102 et 121, quels mots et expressions font de la forêt un endroit effrayant pour les enfants?

8. Relevez les mots et expressions qui, entre les lignes 130 et 173, rendent l'ogre effrayant.

9. Dans le même passage (l. 130-173), relevez les termes appartenant au champ lexical de la nourriture.

10. Quelle confusion crée le verbe «habiller» employé aux lignes 148-149, 219, 223 et 225?

11. Décrivez les filles de l'ogre en faisant ressortir les aspects positifs et négatifs que leur prête l'auteur.

12. Quelle expression signifie que les sept frères sont tout près de leur demeure?

13. Faites la liste des termes liés à l'argent dans la dernière partie du récit (l. 264-304).

Débat

1. Le petit Poucet vous semble-t-il une personne honnête? Précisez par quels aspects il l'est ou ne l'est pas, selon le cas.

2. Le conte ne présente que deux femmes : celle du bûcheron et celle de l'ogre. Quelle image de la femme ressort de ces deux personnages ?

3. Comme chez d'autres personnages de contes, le petit Poucet possède des caractéristiques et des attributs qui montrent que les apparences sont souvent trompeuses. Relevez ces caractéristiques et rapprochez-les de celles propres à d'autres personnages.

Vers la dissertation

1. Comparez le petit Poucet à d'autres personnages de contes qui se sont enrichis, aux dépens des méchants ou non, et établissez les similitudes et les différences.

LE PETIT CHAPERON ROUGE (Grimm)

Questions globales sur le texte

1. Les deux finales proposées par les frères Grimm changent tout le sens du conte de Perrault. Justifiez ce point de vue en proposant une ou deux moralités à la version des Grimm.

Compréhension

1. De quel tissu est fabriqué le chaperon de la fillette ?

2. Quelles victuailles le Petit Chaperon rouge doit-elle apporter à sa grand-mère, dans cette version du conte ?

3. Avant le départ, la mère fait cinq recommandations à sa fille. Quelles sont-elles ?

4. Où habite la grand-mère dans cette version ?

5. Quelle phrase remplace le célèbre « Tire la chevillette, la bobinette cherra » dans la présente version du *Petit Chaperon rouge* ?

6. Qu'est-ce qui étonne la fillette quand elle arrive chez sa grand-mère, avant même de pénétrer dans la maison ?

7. Quelles parties du corps de sa supposée grand-mère déconcertent le Petit Chaperon rouge ?

8. Qu'est-ce qui attire l'attention d'un chasseur qui passait devant la maison de la grand-mère ?

9. Plutôt que de tuer le loup d'un coup de fusil, comment le chasseur procède-t-il ?

10. Comment le loup meurt-il?

11. Quel nom porte le loup qui apparaît dans la dernière partie du conte?

12. Comment la fillette et sa grand-mère réussissent-elles à tuer ce deuxième loup?

Style

1. Examinez les temps et modes verbaux dans le deuxième paragraphe du conte, soit les lignes 8 à 14, et expliquez leur rôle.

2. Le lecteur averti, à l'instar de la mère, voit dans la forêt un lieu dangereux, mais le loup fait en sorte que la fillette en perçoive surtout les côtés positifs. Comment s'y prend-il?

3. « [...] tu reconnaîtras forcément » (l. 32-33): comment interprétez-vous ces curieuses paroles du Chaperon rouge au loup?

4. Relevez les phrases qui informent le lecteur du fait que le loup mange la grand-mère et le Chaperon rouge. Que constatez-vous? Comparez avec les mêmes scènes chez Perrault.

Débat

1. Quelles sont les principales différences entre le personnage du Petit Chaperon rouge de Perrault et celui des Grimm? Comparez vos réponses avec d'autres lecteurs.

LE PETIT CHAPERON ROUGE (Ferron)

Questions globales sur le texte

1. Relevez les indices du fait que le conte de Ferron est typiquement québécois.

2. Dans la version de Ferron, le petit Chaperon Rouge est nettement plus délurée (ou déniaisée) que chez les autres auteurs. Qu'est-ce qui le prouve?

Compréhension

1. Où vit la grand-mère du conte de Ferron?

2. Quel est le seul défaut de la grand-mère?

3. Quelles parties du corps de la fillette la grand-mère trouve-t-elle belles?

4. Que remarque la grand-mère au sujet de sa petite-fille, la première fois qu'elle vient en compagnie du chien, attaché derrière
   le hangar?
5. Quel emploi occupe le père du petit Chaperon Rouge?
6. Que doit-elle porter à sa grand-mère, selon Ferron?
7. Quels sont les deux dangers qui la guettent en chemin?
8. Quelle est la réaction inhabituelle du chien, alors que lui et le
   petit Chaperon Rouge sont en route?
9. Comment le vieux coquin arrive-t-il chez la grand-mère avant le
   petit Chaperon Rouge?
10. Que fait le chien en arrivant chez la grand-mère?
11. Alors qu'elle pleure dans l'ombre de la maison, qu'entend la fillette?
12. Où la grand-mère est-elle enfermée?

Style

1. Quelle connotation Ferron donne-t-il au mot « chaperon » dès la
   première phrase de son récit?
2. Interprétez la répétition de l'expression « que la solitude, loin de
   guérir, avait approfondi(e) » (l. 11-12 et l. 35-36).
3. Repérez les phrases empruntées du *Petit Chaperon rouge* de Perrault,
   mais que Ferron détourne subtilement de leur sens originel.
4. Relevez les traces de l'ironie et de l'humour de Ferron et précisez
   quels procédés y sont associés.
5. Ferron remplace le traditionnel pot de beurre par de la margarine. Quel effet crée ce changement?
6. Dressez la liste des parties du corps du petit Chaperon Rouge
   énumérées dans ce conte et comparez avec la version de Perrault.
7. Quels adjectifs désignant le chien dans l'avant-dernier paragraphe
   rappellent la situation de la grand-mère au début du conte?
8. Quel mot, employé précédemment par Ferron pour décrire le
   méchant, est repris à la fin du conte pour désigner le petit
   Chaperon Rouge?

Débat

1. Les allusions à la pédophilie et au sexe jettent-elles un éclairage
   particulier sur les versions de Perrault et des Grimm?
2. Ce conte-ci est-il destiné à des enfants? Pourquoi?

CENDRILLON (Grimm)

Questions globales sur le texte

1. Tracez le portrait de Cendrillon dans ce conte des frères Grimm et différenciez son caractère du même personnage chez Perrault.
2. Qu'est-ce qui rend la fin de ce conte plus cruelle que la finale proposée par Perrault?

Compréhension

1. Qui meurt au début de ce conte?
2. Faites la liste des travaux que doit exécuter Cendrillon.
3. Alors que les deux vilaines sœurs désirent des robes et des bijoux, que demande Cendrillon à son père à son retour de la foire?
4. Que fait Cendrillon du cadeau rapporté par son père?
5. Quel ami Cendrillon se fait-elle en allant pleurer sur la tombe de sa mère?
6. À qui Cendrillon demande-t-elle la permission d'aller au bal donné au palais?
7. Quelles tâches doit accomplir Cendrillon, qui cherche à obtenir la permission de sa belle-mère d'aller au bal? Qui l'aide à les accomplir avec succès?
8. Comment Cendrillon obtient-elle de beaux vêtements?
9. Le premier soir, après le bal, le prince insiste pour reconduire Cendrillon chez elle, mais, au dernier moment, elle lui échappe. Comment y parvient-elle?
10. Comment lui échappe-t-elle une nouvelle fois le lendemain?
11. Quelle ruse le prince emploie-t-il pour empêcher Cendrillon de fuir, le troisième soir du bal?
12. Que fait l'aînée, sur le conseil de sa mère, en voyant que son pied n'entre pas dans la chaussure d'or? Que doit faire sa sœur?
13. Qu'arrive-t-il aux deux méchantes sœurs à la cérémonie de mariage de Cendrillon et du prince?

Style

1. Quelle figure d'opposition décrit le caractère des deux filles de la belle-mère?

2. Relevez les allusions à la religion dans ce conte des frères Grimm.

3. Quels termes méprisants sont employés par les deux sœurs et la belle-mère pour décrire Cendrillon?

Débat

1. La Cendrillon des Grimm a-t-elle une attitude plus moderne ou moins misérabiliste que celle de Perrault?

2. Dans beaucoup de contes, les méchants sont punis de leurs mauvaises actions. Trouvez-vous la punition des deux sœurs exagérée ou pire que celle d'autres méchants présentés dans d'autres contes?

LE VILAIN PETIT CANARD (Andersen)

Questions globales sur le texte

1. Dans le style de Perrault, mais pas nécessairement en vers, écrivez une moralité convenant à ce conte d'Andersen.

2. Quels rapports peut-on établir entre ce conte d'Andersen et *Peau d'Âne* de Perrault?

Compréhension

1. Décrivez brièvement le lieu où la cane couve ses œufs.

2. Quelle est la première réflexion des canetons au sortir de l'œuf?

3. Quelles sont les particularités du dernier œuf?

4. Selon une vieille cane, de quelle sorte d'œuf s'agit-il?

5. Décrivez le dernier caneton.

6. La cane déclare que le petit n'est pas un dindonneau. Qu'est-ce qui lui permet de l'affirmer?

7. Relevez les caractéristiques de la vieille cane qui occupe le plus haut rang à la cour des canards.

8. Que fait une cane de la cour au vilain canard qu'elle trouve « trop grand et mal venu » (l. 83)?

9. À force d'être taquiné, mordu et bousculé par les autres, le vilain canard s'enfuit. Quel est le premier endroit où il passe la nuit?

10. Quelles sont les deux espèces d'oiseaux qu'il rencontre dans cet endroit?

11. « Au même instant, il entendit Pif! Paf! [...] » (l. 131). Quelle est l'explication de cette pétarade?

12. Comment l'auteur décrit-il le chien qui approche du vilain canard?

13. Quelle explication le vilain canard donne-t-il au fait qu'il est épargné?

14. Dans sa fuite, quel est le second endroit qu'atteint le pauvre caneton? Qui y habite?

15. Le vilain canard aurait bien envie de faire quelque chose, mais les deux autres animaux tentent de le décourager. De quoi s'agit-il?

16. Quelle expression la poule emploie-t-elle pour dire qu'on doit se satisfaire de ce qu'on a?

17. À l'automne, le vilain canard voit passer dans le ciel de grands oiseaux blancs qu'il trouve très beaux. De quels oiseaux s'agit-il?

18. Que doit faire le vilain canard pour ne pas geler?

19. Qui finalement le sauve et l'empêche de mourir gelé?

20. Après un rude hiver, quels sont les premiers animaux que le vilain canard croise?

21. Quelle triste pensée traverse alors son esprit?

22. Que constate le vilain canard en se mirant dans l'eau?

23. Que lui crient les enfants qui le voient nager parmi les cygnes?

Style

1. Personnages: dressez la liste des personnages de ce conte en précisant leur rapport avec le personnage principal, c'est-à-dire le vilain petit canard.

2. Lieux: nommez les différents lieux où se déroule l'action de ce conte.

3. Temps: en vous servant des principaux indicateurs temporels, tracez la ligne du temps pour ce conte.

Début

1. Pourquoi est-il si difficile d'accepter les gens tels qu'ils sont? Trouvez des liens entre ce conte et le rejet dans la société d'aujourd'hui.

ANNEXES

TABLEAU CHRONOLOGIQUE

	VIE ET ŒUVRE DE CHARLES PERRAULT	ÉVÈNEMENTS HISTORIQUES EN FRANCE
1608		
1610		Assassinat d'Henri IV ; début du règne de Louis XIII. Régence de Marie de Médicis (mère du roi, qui a neuf ans) jusqu'en 1617.
1615		Mariage de Louis XIII avec Anne d'Autriche (morte en 1666). Union sans bonheur ; leur premier enfant ne naîtra que 23 ans plus tard.
1618		
1621		
1622		
1623		
1624		Le cardinal de Richelieu est nommé ministre.
1626		
1627		
1628	12 janvier : naissance de Charles Perrault. Son frère jumeau, François, vivra six mois à peine.	
1632		
1634		
1635		Intervention de la France dans la guerre de Trente Ans (déclaration de guerre à l'Espagne).
1636	Il entre au collège de Beauvais, à Paris, en 1636 ou 1637.	

TABLEAU CHRONOLOGIQUE

ÉVÈNEMENTS CULTURELS ET LITTÉRAIRES EN FRANCE	ÉVÈNEMENTS CULTURELS ET HISTORIQUES HORS DE FRANCE	
	Fondation de Québec.	1608
	Cervantès (Espagne), *Don Quichotte*.	1610
		1615
	Début de la guerre de Trente Ans.	1618
Naissance de Jean de La Fontaine (mort en 1695).		1621
Naissance de Molière, de son vrai nom Jean-Baptiste Poquelin (mort en 1673).		1622
Naissance de Blaise Pascal (mort en 1662).		1623
		1624
Naissance de Marie de Rabutin-Chantal, dite Mme de Sévigné (morte en 1696).		1626
Naissance de Jacques Bénigne Bossuet (mort en 1704).		1627
		1628
Naissance de Jean-Baptiste Lully (mort en 1687).		1632
Naissance de Marie-Madeleine Pioche, dite Mme de La Fayette (morte en 1693).	Jean Nicolet amorce ses explorations de l'intérieur des terres au Canada.	1634
Fondation de l'Académie française.		1635
Naissance de Nicolas Boileau (mort en 1711). Pierre Corneille, *Le Cid*.	Fondation de l'université Harvard, près de Boston (actuels États-Unis).	1636

TABLEAU CHRONOLOGIQUE		
	VIE ET ŒUVRE DE CHARLES PERRAULT	ÉVÈNEMENTS HISTORIQUES EN FRANCE
1637		
1638		Naissance de Louis XIV.
1639		
1642		Mort de Richelieu.
1643	Élève brillant, il quitte malgré tout le collège, en querelle avec son maître, mais poursuit de lui-même ses études.	Mort de Louis XIII ; début du règne de Louis XIV. Régence d'Anne d'Autriche (mère du roi, qui a cinq ans). Le cardinal Jules Mazarin est nommé ministre.
1645		
1647		
1648		Début de la Fronde (révolte contre l'autorité royale), qui durera jusqu'en 1652.
1651	Il est reçu avocat (université d'Orléans).	
1652	Mort de son père, Pierre Perrault.	
1653		Nicolas Fouquet est nommé surintendant des Finances.
1654	Son frère Pierre, receveur général des Finances, lui obtient un poste.	Sacre de Louis XIV à Reims.
1656		
1657	Mort de sa mère, Pâquette Leclerc.	
1659	Il rédige un poème à l'occasion du traité des Pyrénées : *Ode sur la paix*.	Paix des Pyrénées, entre la France et l'Espagne.

TABLEAU CHRONOLOGIQUE

ÉVÈNEMENTS CULTURELS ET LITTÉRAIRES EN FRANCE	ÉVÈNEMENTS CULTURELS ET HISTORIQUES HORS DE FRANCE	
Le Cid déclenche une querelle sur le théâtre à l'Académie française. René Descartes, *Discours de la méthode*.	Italie : fondation de l'opéra de Venise, premier théâtre conçu pour ce genre lyrique.	1637
		1638
Naissance de Jean Racine (mort en 1699).		1639
Corneille, *Polyeucte*.	Fondation de Ville-Marie (qui deviendra plus tard Montréal). Italie : mort de Galilée.	1642
		1643
Naissance de Jean de La Bruyère (mort en 1696).		1645
Claude Favre de Vaugelas, *Remarques sur la langue française* (1re grammaire).		1647
	Fin de la guerre de Trente Ans. Angleterre : Charles Ier condamné à mort ; Cromwell fait du pays une république jusqu'en 1658.	1648
		1651
		1652
		1653
		1654
Pascal, *Les Provinciales*. Molière, *Le Dépit amoureux*.		1656
		1657
Molière, *Les Précieuses ridicules*.		1659

TABLEAU CHRONOLOGIQUE

	VIE ET ŒUVRE DE CHARLES PERRAULT	ÉVÈNEMENTS HISTORIQUES EN FRANCE
1660	Poème de circonstance sur le mariage du roi.	Mariage de Louis XIV avec Marie-Thérèse d'Autriche (morte en 1683), infante d'Espagne.
1661	Il publie *Le Miroir ou la Métamorphose d'Orante*, nouvelle littéraire galante.	Mort de Mazarin ; Louis XIV assure lui-même le pouvoir. Arrestation de Fouquet.
1662		Jean-Baptiste Colbert (mort en 1683) devient le principal ministre.
1663	Il entre au service de Colbert.	
1664		Condamnation de Fouquet. Louis XIV veut faire de la foi catholique la seule religion du royaume : début des persécutions contre les jansénistes.
1665	Il obtient le poste de premier commis des Bâtiments royaux. Il est entre autres chargé de travaux au palais du Louvre.	
1666		
1667		
1668	Publication du poème *La Peinture*.	
1669		
1670		
1671	Il entre à l'Académie française (23 novembre).	
1672	Colbert le fait nommer contrôleur général des Bâtiments. À 44 ans, il épouse Marie Guichon, 19 ans.	
1673		

TABLEAU CHRONOLOGIQUE		
ÉVÈNEMENTS CULTURELS ET LITTÉRAIRES EN FRANCE	ÉVÈNEMENTS CULTURELS ET HISTORIQUES HORS DE FRANCE	
		1660
Lully, surintendant de la musique à la cour.		1661
Molière, *L'École des femmes*.		1662
Molière, *La Critique de l'École des femmes*.		1663
		1664
François de La Rochefoucauld, *Maximes*. Molière, *Dom Juan*. Racine, *Alexandre*.		1665
Molière, *Le Misanthrope* et *Le Médecin malgré lui*.	Angleterre : grand incendie de Londres.	1666
Racine, *Andromaque*.		1667
La Fontaine, *Fables* (1er recueil). Molière, *George Dandin* et *L'Avare*.		1668
Molière, *Le Tartuffe* et *Monsieur de Pourceaugnac*. Racine, *Britannicus*.		1669
Pascal, *Pensées* (posthume). Molière, *Le Bourgeois gentilhomme*. Corneille, *Tite et Bérénice*. Racine, *Bérénice*.	Fondation de la Compagnie de la Baie d'Hudson par les Anglais.	1670
Molière, *Les Fourberies de Scapin*. Mme de Sévigné commence à correspondre avec sa fille. Ses *Lettres* seront publiées en 1726.		1671
Molière, *Les Femmes savantes*. Racine, *Bajazet*.		1672
Dernière pièce de Molière, *Le Malade imaginaire*. Racine, *Mithridate*.		1673

TABLEAU CHRONOLOGIQUE	
VIE ET ŒUVRE DE CHARLES PERRAULT	**ÉVÈNEMENTS HISTORIQUES EN FRANCE**
1674 En prenant la défense de l'opéra *Alceste,* Perrault semble déjà se ranger du côté des Modernes dans ce qui deviendra la plus célèbre querelle du siècle.	
1675 Publication du *Recueil de divers ouvrages en prose et en vers,* qui comprend entre autres *Le Labyrinthe de Versailles,* recueil de fables. Naissance de son premier fils, Charles-Samuel. Il aurait eu au moins une fille née en 1673 ou 1674.	
1676 Naissance de son deuxième fils, Charles.	
1677	
1678 Naissance de Pierre Perrault d'Armancour, son troisième fils. Sa femme meurt plus tard la même année.	Apogée du règne de Louis XIV.
1680 Perrault est graduellement évincé de son poste auprès de Colbert par le fils de ce dernier.	
1682 Publication du *Banquet des dieux,* célébrant la naissance du duc de Bourgogne, petit-fils de Louis XIV.	La cour s'installe à Versailles.
1683 Mort de Colbert ; Perrault perd sa charge de premier commis des Bâtiments royaux.	
1685	Révocation de l'édit de Nantes, intensification des persécutions contre les protestants et les jansénistes.
1686 Il publie *Saint Paulin, évêque de Nole,* poème qui montre la supériorité de la morale chrétienne sur la morale païenne (façon détournée de prôner la supériorité des Modernes sur les Anciens).	
1687 Son poème *Le Siècle de Louis le Grand,* lu à l'Académie à l'occasion de la guérison du roi, affirme la supériorité des Modernes sur les Anciens.	

TABLEAU CHRONOLOGIQUE

ÉVÈNEMENTS CULTURELS ET LITTÉRAIRES EN FRANCE	ÉVÈNEMENTS CULTURELS ET HISTORIQUES HORS DE FRANCE	
Boileau, *Art poétique*. Dernière pièce de Corneille, *Suréna*.		1674
		1675
		1676
Racine, *Phèdre*.		1677
La Fontaine, *Fables* (2ᵉ recueil). Mᵐᵉ de La Fayette, *La Princesse de Clèves* (roman).		1678
Fondation de la Comédie-Française.		1680
	Cavelier de La Salle fonde la Louisiane.	1682
		1683
Intensification de la querelle des Anciens et des Modernes, jusque dans l'enceinte de l'Académie française.		1685
		1686
		1687

TABLEAU CHRONOLOGIQUE		
	VIE ET ŒUVRE DE CHARLES PERRAULT	**ÉVÈNEMENTS HISTORIQUES EN FRANCE**
1688	Il commence la rédaction du *Parallèle des Anciens et des Modernes,* en 4 tomes, dont le dernier paraîtra en 1697.	
1690		
1691	Il publie son premier conte en vers, *Griselidis.*	
1693	Parution du conte *Les Souhaits ridicules.*	
1694	Publication en un même volume de *Peau d'Âne* et des deux contes précédents.	
1696	Parution du premier tome des *Hommes illustres qui ont paru en France pendant ce siècle, avec leurs portraits en nature.* Le tome 2 paraîtra en 1700.	
1697	Parution des *Histoires ou Contes du temps passé, avec des moralités,* recueil de huit contes en prose qui fera la célébrité de l'auteur.	
1699	Traduction des *Fables de Faërne.*	
1700	Mort de Pierre Perrault d'Armancour, à 22 ans.	
1703	16 mai : mort de Charles Perrault, à l'âge de 75 ans.	
1715		Mort de Louis XIV.

TABLEAU CHRONOLOGIQUE

ÉVÈNEMENTS CULTURELS ET LITTÉRAIRES EN FRANCE	ÉVÈNEMENTS CULTURELS ET HISTORIQUES HORS DE FRANCE	
La Bruyère, *Les Caractères*.	Début des guerres de la France contre la ligue d'Augsbourg, alliance de nations visant à contrer les ambitions dominatrices de Louis XIV en Europe.	1688
Antoine Furetière, *Dictionnaire universel* (posthume). Parce qu'il concurrençait celui de l'Académie, l'auteur en avait été exclu en 1685.		1690
		1691
		1693
Dictionnaire de l'Académie française. La Fontaine, *Fables* (3ᵉ recueil).	Fondation de la Banque d'Angleterre, modèle de la banque moderne.	1694
		1696
Marie Catherine Le Jumel de Barneville, dite Mᵐᵉ d'Aulnoy, *Contes de fées* (3 tomes).	Victoire de Frontenac sur les Iroquois, qui conduira à la Grande Paix de Montréal (ou Paix des Braves) de 1701.	1697
Abbé Pierre de Villiers, *Entretiens sur les contes*.		1699
		1700
		1703
		1715

GLOSSAIRE DE L'ŒUVRE

Aise : content, satisfait.

Appas : synonyme d'appâts, ce mot, toujours au pluriel, désignait les charmes et attraits féminins.

Aune : ancienne mesure de longueur. Une aune vaut environ 1,18 m.

Balancer : hésiter.

Bas : situé au rez-de-chaussée (salle basse, appartement bas).

Basse-cour : cour située à l'arrière d'un château ou d'un hôtel, près des dépendances ou des cuisines, pas nécessairement pour garder la volaille, comme de nos jours.

Brave, bravement : bien vêtu, élégant, paré de beaux habits ; de façon élégante.

Cabinet : pièce à l'écart, pour le travail ou le repos, parfois pour la conservation d'objets précieux. Il peut aussi s'agir d'une simple armoire fermant à clé.

Cassette : petit coffre.

Cependant : pendant ce temps.

Compagnie : les invités, la foule.

De qualité : qui appartient à la noblesse.

Die : verbe « dire » au subjonctif présent, autre forme de « dise », acceptée au XVIIe siècle.

Écu : pièce d'or.

Embrasser : enserrer, faire le tour avec ses bras.

Entendre : voir les choses, comprendre.

Fâcher : peiner, attrister.

Fagoter : lier en botte une brassée de petit bois, principalement pour l'allumage du feu.

Faire à deux fois (n'en pas) : ne pas traîner, ne pas y songer deux fois avant de le faire.

Fée : magique, enchanté.

Femelle : personne de sexe féminin, sans idée de mépris.

Feu : image galante de l'amour.

Friand morceau : plat appétissant, mets délicat.

Galant : distingué, qui connaît les manières de la cour.

Garenne : forêt, taillis où vivent des lapins sauvages.

Habiller : apprêter la viande, par exemple en la débitant en quartiers, pour qu'elle soit prête à la cuisson.

Honnête, honnêtement, honnêteté : cultivé, distingué, galant et bien en vue dans la haute société ; avec distinction et galanterie ; culture, distinction, galanterie.

Hyménée (hymen): mariage.

Industrie: habileté, ingéniosité.

Infante: fille du roi. Le mot est synonyme de princesse.

L'Abord-à-Plouffe: village maintenant intégré à la ville de Laval, juste au nord de Montréal.

Laisser de (ne pas): ne pas cesser de, ne pas hésiter à.

Lieue: ancienne mesure de distance. Une lieue vaut environ quatre kilomètres.

Maître (en apposition devant un nom d'animal): (l'animal) le plus extraordinaire qui soit.

Malhonnête, malhonnêteté: contraire au comportement attendu d'une honnête personne, c'est-à-dire un manque de respect envers les autres.

Marmiton: garçon de cuisine affecté aux basses besognes (brasser les marmites, les nettoyer, etc.).

Ménagerie: lieu où sont élevés des animaux de curiosité; on dirait aujourd'hui «jardin zoologique».

Ouïr: entendre.

Penser: faillir.

Plus tôt: aussitôt.

Prier: inviter.

Représenter: expliquer, exposer.

Retirer: donner un refuge, une retraite.

Sentir (ne pas se): être transporté de joie, ne plus porter à terre tellement on est joyeux.

Sexe: désigne les femmes, comme dans les expressions «le beau sexe», «le sexe faible», etc.

Soin: souci, précaution.

Souillon: servante qui accomplit les travaux les plus malpropres et dégoûtants.

Souverain: royal.

Tapisserie: grande pièce de tissu suspendue au mur, représentant souvent une scène pastorale.

Toilette: pièce de tissu sur laquelle étaler le nécessaire de toilette, tout ce qui sert à se peigner, à se maquiller, etc.

Tout à l'heure: tout de suite, sur-le-champ.

Transport: emportement, élan de passion.

BIBLIOGRAPHIE

Éditions de référence

Pour l'établissement des textes, les éditions suivantes ont été consultées :

Les Contes de Perrault dans tous leurs états, édition établie et présentée par Annie Collognat et Marie-Charlotte Delmas, Paris, Omnibus, 2007, 1048 p.

Contes et fables. Perrault illustré par Eva Frantová, texte intégral, Paris, Gründ, 2001, 365 p.

Contes, présentation, notes et dossier par Fabrice Fajeau, Paris, GF Flammarion, coll. « Étonnants classiques », 2007, 162 p.

Contes, édition critique de Jean-Pierre Collinet, Paris, Gallimard, coll. « Folio classique », 2007 [1981], 374 p.

Contes, introduction, notices et notes de Catherine Magnien, illustrations de Gustave Doré, Paris, Librairie générale française, Le Livre de poche, coll. « Classiques de poche », 2006, 317 p.

Contes, édition établie par Gilbert Rouger, Paris, Garnier Frères, 1967, 328 p.

Contes, suivis du *Miroir ou la Métamorphose d'Orante,* de *La Peinture,* poème, et du *Labyrinthe de Versailles,* [sans lieu], Bookking international (Phidal pour le Canada), coll. « Classiques français », 1994, 254 p.

PHILIPPE, Marie-Hélène et Cécile ARSÈNE. *Contes de Perrault. Un genre : le conte merveilleux,* Paris, Hatier, coll. « Œuvres et thèmes », 2008, 128 p.

Ouvrages de référence

ANDERSEN, Hans Christian et Charles PERRAULT. *Le Grand Livre des contes merveilleux,* illustré par Paul Durand, contes d'Andersen traduits du danois par D. Soldi, Paris, Deux Coqs d'or, 1981 [1971], 365 p.

ANDERSEN, Hans Christian. *Contes d'Andersen,* Paris, Éditions G.P., 1981, 145 p.

ANDERSEN, Hans Christian. *Contes,* adaptation française de P. G. La Chesnais, illustrations de Kamila Stanclova et Dusan Kalay, Paris, Gründ, 2005, 3 tomes, 592 p., 576 p. et 550 p.

BETTELHEIM, Bruno. *Psychanalyse des contes de fées,* Paris, Robert Laffont, coll. « Pocket », 2007, 477 p.

BOURDIER, Philippe et Pascal CAGLAR. *Les Contes de Charles Perrault illustrés par Gustave Doré. Langage verbal et images,* Paris, Ellipses édition Marketing, 2006, 191 p.

CAYROU, Gaston. *Le Français classique. Lexique de la langue du XVIIe siècle,* Paris, Didier, 1948, 884 p.

CHEVALIER, Jean et Alain GHEERBRANT. *Dictionnaire des symboles, mythes, rêves, coutumes, gestes, formes, figures, couleurs, nombres,* Paris, Robert Laffont/Jupiter, édition revue et augmentée, 2000 [1969], 1060 p.

DESCARTES, René. *Discours de la méthode,* Montréal, CEC, 1996, 148 p.

FERRON, Jacques. *Contes, édition intégrale: Contes du pays incertain. Contes anglais. Contes inédits,* Montréal (Ville de LaSalle), HMH l'arbre, 2e édition revue et corrigée, 1983 [1968], 236 p. (p. 181-184).

FOMBONNE, Jean-Marc. *Aux pieds des femmes,* Paris, Payot, coll. « Essais », 2008, 368 p.

GRIMM, Jacob et Wilhelm. *Les Contes (Kinder- und Hausmärchen),* texte français et présentation par Armel Guerne, Paris, Flammarion, coll. « L'Âge d'or », 1967, 2 tomes, 537 p. et 506 p.

GRIMM. *Les Plus Beaux Contes,* textes adaptés par François Chapelon, Claude Lanssade et Stéphanie Rhodes, illustrés par Jean Giannini et Violayne Hulne, Paris, Lito, 1988, 188 p.

LAVISSE, Ernest. *Louis XIV, histoire d'un grand règne, 1643-1715,* Paris, Robert Laffont, coll. « Bouquins », 1989, 1222 p.

LONDEIX, Georges. *Le Petit Chaperon rouge,* Paris, Éditions de l'Herne, 1970, 173 p.

PERRAULT, Charles, Madame D'AULNOY et Madame LEPRINCE DE BEAUMONT. *Il était une fois... vieux contes français,* illustrations d'Adrienne Ségur, Paris, Flammarion, 1951, 188 p.

SORIANO, Marc. *Les Contes de Perrault. Culture savante et traditions populaires,* Paris, Gallimard NRF, coll. « Bibliothèque des idées », 1968, 525 p.

SORIANO, Marc. *Le Dossier Charles Perrault. Scandale immobilier sous Louis XIV, querelles de paternité, trois contes inconnus,* Paris, Hachette Littérature, 1972, 438 p.

SOURCES ICONOGRAPHIQUES

Page couverture, Illustration: Eva Frantová • Page vi, © The Bridgeman Art Library • Page 2, Illustration: Eva Frantová • Page 10, Illustration: Eva Frantová • Page 32, Illustration: Eva Frantová • Page 46, Illustration: Eva Frantová • Page 62, Illustration: Eva Frantová • Page 88, Illustration: Bibliothèque des arts décoratifs, Paris, France/Archives Charmet/© The Bridgeman Art Library • Page 114, Illustration: akg-images • Page 116, Photo: Réunion des musées nationaux/Art Resource, New York • Page 122, Photo: Musée des Beaux-Arts, Lille, France/Lauros/Giraudon/The Bridgeman Art Library • Page 126, Photo: Réunion des musées nationaux/Art Resource, New York • Page 150, Illustration: akg-images • Page 152, Illustration: Collection privée/Ken Welsh/© The Bridgeman Art Library • Page 156, Photo: Kèro Beaudoin • Page 178, Illustration: akg-images.

ŒUVRES PARUES

300 ans d'essais au Québec
400 ans de théâtre au Québec
Apollinaire, *Alcools*
Balzac, *Le Colonel Chabert*
Balzac, *La Peau de chagrin*
Balzac, *Le Père Goriot*
Baudelaire, *Les Fleurs du mal* et *Le Spleen de Paris*
Beaumarchais, *Le Mariage de Figaro*
Chateaubriand, *Atala* et *René*
Chrétien de Troyes, *Yvain ou Le Chevalier au lion*
Colette, *Le Blé en herbe*
Contes et légendes du Québec
Contes et nouvelles romantiques : de Balzac à Vigny
Corneille, *Le Cid*
Daudet, *Lettres de mon moulin*
Diderot, *La Religieuse*
Écrivains des Lumières
Flaubert, *Trois Contes*
Gautier, *Nouvelles fantastiques*
Girard, *Marie Calumet*
Hugo, *Le Dernier Jour d'un condamné*
Jarry, *Ubu Roi*
Laclos, *Les Liaisons dangereuses*
Marivaux, *Le Jeu de l'amour et du hasard*
Maupassant, *Contes réalistes* et *Contes fantastiques*
Maupassant, *La Maison Tellier et autres contes*
Maupassant, *Pierre et Jean*
Mérimée, *La Vénus d'Ille et Carmen*
Molière, *L'Avare*
Molière, *Le Bourgeois gentilhomme*
Molière, *Dom Juan*
Molière, *L'École des femmes*
Molière, *Les Fourberies de Scapin*
Molière, *Le Malade imaginaire*
Molière, *Le Médecin malgré lui*
Molière, *Le Misanthrope*
Molière, *Tartuffe*
Musset, *Lorenzaccio*
Perrault, *Il était une fois… Perrault et autres contes de jadis*
Poe, *Le Chat noir et autres contes*
Poètes et prosateurs de la Renaissance
Poètes romantiques
Poètes surréalistes
Poètes symboliques
Racine, *Phèdre*
Récits fantastiques québécois contemporains
Rostand, *Cyrano de Bergerac*
Shelley, *Frankenstein ou le Prométhée moderne*
Tristan et Iseut
Voltaire, *Candide*
Voltaire, *Zadig et Micromégas*
Zola, *La Bête humaine*
Zola, *L'Inondation et autres nouvelles*
Zola, *Thérèse Raquin*